W0305873

DUMONT
DIREKT

München

Agnes Fazekas

Inhalt

Das Beste zu Beginn

Für tiefsinnige Gespräche oder einträchtiges Schweigen
Auf Höhe der Praterinsel am westlichen Isarufer schlängelt sich der gemütlichste Ast Münchens über ein paar Meter ins Wasser. Fast immer besetzt. Wenn nicht, Abend gerettet!

Im Winter
Besonders gemütlich ist eine Einkehr in den beheizten originalen Retro-Skigondeln der Zugspitzbahn vor dem Milchhäusl, einem seit 1896 bestehenden Imbiss im Englischen Garten. Vor allem wenn die Scheiben vom Bio-Glühwein beschlagen. Es gibt sogar eine Knutsch-Gondel mit Vorhängen ...

Letzte Hilfe
In München gibt es nur einen echten ›Späti‹, der hier ›Standl‹ heißt: Der Reichenbachkiosk an der gleichnamigen Brücke hat wirklich alles, von Gummigetier über Champagner und Hygieneartikel bis zu 115 Biersorten – und ist als einziger Kiosk 23 Stunden geöffnet.

Kunst im Untergrund
Das Maximiliansforum ist eigentlich ein Überbleibsel der Verkehrsplanung aus den späten Sechzigern, ein achteckiger Abstellraum unter der Kreuzung von Maximilianstraße und Altstadtring. Was von oben wie ein U-Bahn-Schacht wirkt, überrascht unten mit Kunst! Der Abstecher in den Untergrund ist gut zu kombinieren mit einem Besuch im Museum Fünf Kontinente, dem oft zu Unrecht übersehenen Völkerkundemuseum.

Bierboazn-Tour
Der Begriff ›Boazn‹ bezeichnet – grob gesagt – im Bayerischen kleinere Bierlokale und Eckkneipen. Zur Kneipentour der anderen Art – der ungeschminkten nämlich – verführen die liebevoll gestalteten Bildbände »Munich Boazn« von Maximilian Bildhauer (Volkverlag). Der erste Band »Giesing« empfiehlt sich der Authentizität halber besonders.

Glücksnase
Im Vorbeigehen die Löwennase vor der Residenz rubbeln – bringt wirklich Glück!

!

Schausteller-Nostalgie:
Die Wiesn und ihr Massengelage ist Geschmackssache, nicht streiten lässt sich über die Schönheit der nostalgischen Fahrgeschäfte wie Teufelsrad und Toboggan. Zugucken macht beinahe mehr Spaß, als sich selbst zum ›Deppen‹ zu machen. Wer die Wiesn erleben will wie vor hundert Jahren – als sie noch ein beschauliches Volksfest war –, der muss auf die ›Oide Wiesn‹ hinter dem Riesenrad.

Die perfekte Welle
Den Eisbachsurfern zuzugucken ist noch interessanter, wenn man sich vorher die Doku »Keep Surfing« zu Gemüte geführt hat: Sehr launiger Einblick in die eingeschworene Gemeinschaft des coolsten Biotops der Stadt. (Regie: Björn Richie Lob, 2010)

Einen Munich Mule bestellen
Ganz einig sind sich Barkeeper nicht, aber in den meisten und besten Rezepten findet sich The Duke (Gin aus München), Minze und/oder Gurke, Ginger Beer und etwas Limettensaft.

Red' kein Blech!
Der stimmigste Soundtrack (keine Sorge: ohne Dialekt) zu einem München-Trip kommt von Moop Mama: Als Urban Brass beschreibt die zehnköpfige Band ihren Stil. Bekannt geworden sind die Blechbläser um den Rapper mit dem Megaphon durch ihre spontanen Guerilla-Konzerte im öffentlichen Raum – dessen Rückeroberung ist ihre Agenda. Also Augen und Ohren aufhalten, oder sich auf dem Roten Album den Song »Stadt, die immer schläft« anhören. Stimmt natürlich nicht.

Als geborene Münchnerin spreche ich eigentlich kein Bayerisch, aber sobald Nordlichter in Hörweite sind, schleichen sich plötzlich viele ›mei‹, ›fei‹ und ›bisserl‹ in meine Sätze.

Fragen? Erfahrungen? Ideen?

Ich freue mich auf Post.

@ *Mein Postfach bei DuMont:*
a.fazekas@dumontreise.de

Das ist München

Machen wir uns nichts vor, München spaltet die Gemüter wie keine andere Stadt: Ist es der scheinbare Überfluss, die Selbstzufriedenheit oder das polternd zur Schau gestellte Bajuwarentum?

Ruf und Realität

Irgendwas scheint der Rest der Republik regelmäßig in den falschen Hals zu bekommen. Auf der anderen Seite gilt München weltweit als eine der Städte mit der höchsten Lebensqualität. Sogar die New York Times behauptet, München würde gerade aus seiner Zugeknöpftheit ausbrechen… Sie merken vielleicht schon, dies wird eine Verteidigungsrede!
Klar gibt's an einem Ende des Spektrums die Bussi-Bussi-Gesellschaft, den FC Bayern, das P1, die Maximilianstraße, die Porschefahrer – und am anderen: kauzige Bräuche, grantige Bedienungen und schnauzbärtige Trachtler, die scheinbar mit der Bierbank verwachsen sind. Umso spannender sind die Randgebiete, in denen Hochherrschaftliches auf Subkultur trifft, Tradition auf Innovation, Glamour auf Naturburschigkeit. Denn München besteht eben nicht aus Nischen wie Berlin. Raum für Wildwuchs gibt es kaum. Dafür entwickeln sich die Mauerblümchen nicht selten zu exaltierten Orchideen.

Gemütlichkeit: Das München-Gefühl

Keine Angst also, ein München-Besuch macht nicht automatisch spießig, geldgeil oder schicki-micki – aber er kann durchaus abfärben. Und zwar vor allem eins: Gemütlichkeit. Kein Wunder, dass sich die Amis das Wort als ›Beergarden-Feeling‹ erklären. Es ist das Münchner Lebensgefühl, auf das sich alle einigen können: An zernarbten Tischen sitzen, im Schatten uralter Kastanienbäume. Nirgendwo schaltet man schneller auf die Betriebsgeschwindigkeit der Einheimischen herunter. – Diese sollte man allerdings nicht mit Langeweile verwechseln. Wirklich konservativ ist München nämlich nur in seinen Traditionen, oder besser: Ritualen. Denn manchmal hat es schon etwas Archaisches, was da ›ums Verrecken‹ verteidigt wird. Ob das nun die Weißwurst ist, die gezutzelt werden soll, oder die Rolltreppe, auf der man rechts steht, links geht, wie gern von hinten geblafft wird.
Bitte nicht eingeschnappt sein: Eigentlich ist das nur bitter ernst genommener Humor. Ganz in der Tradition von Satiriker Karl Valentin: »Ich bin kein direkter Rüpel, aber die Brennnessel unter den Liebesblumen.«

›Passt scho!‹

Und so streng die Münchner mit Zuagroasten sind, wenn es sich um die korrekte Bestellung beim Bäcker (Semmeln! Brezn!) handelt, so herzlich wiederum haben sich viele bei der Aufnahme von Flüchtlingen gezeigt. Überhaupt wird alles, was einmal die äußerste Schicht dieses Gewirks aus Trachtenloden und Edelzwirn durchdrungen hat, ohne Kommentar eingeflochten und dann treu und auf ewig verteidigt. Seit der tiefbraunen Vergangenheit, als Hitler sich München erfolgreich als Brutstätte der NSDAP erkoren hatte, gilt die Stadt immerhin verlässlich als rote Insel im politisch schwarzen Bayern.

Sobald die Temperaturen es erlauben, versammelt sich halb München an der Isar.

Man muss den Münchnern einfach ein paar Vorschusslorbeeren entgegenbringen, um zu merken, dass ein mürrisch gemurmeltes ›Passt scho‹ eine durchaus freundlich gemeinte Einladung ist.

Im Geheimen ganz locker

Gleichzeitig wird gerade von den Jüngeren viel für die interkulturelle Kommunikation getan. Sei es das Ein-Hipstern der bayerischen Tracht oder die Verwandlung von Umtatata in tanzbare Brassbeats. Auch neue kulinarische Gattungen werden im Dienste der Völkerverständigung erfunden: Schweinebraten to go in der Nudelbox zum Beispiel.

Die Dauer-Mission, dem Rest der Welt erklären zu müssen, dass München gar nicht so lahm ist, erklärt auch den Stolz auf die Burschen und Mädels, die sogar im Winter barfuß die Tram-Bahn volltropfen, oder – Surfbrett unterm Arm – durch Schwabing radeln. Wenn der Stadt wieder mal jede Lässigkeit, Weltgewandtheit und alternative Szene abgesprochen wird, verweist der Münchner – der natürlich weiß, dass man im Geheimen ganz schön locker drauf ist – aufs Aushängeschild Eisbachsurfer. Das verstehen sogar die Norddeutschen. Zudem steht die Isarwelle für die Liebe zur Natur, zum Draußensein, zum Sporteln. Funktionsklamotten werden hier schließlich sogar von den Juristen in spe beim Lernen in der Bayerischen Staatsbibliothek zu rosa Hemd oder Perlenohrringen getragen.

Vom optisch manchmal recht ländlichen Charakter abgesehen, kann München auf den meisten Ebenen durchaus mit anderen Weltstädten mithalten. Die Klub-Szene muss sich nicht mehr schämen und das Kulturangebot war sowieso schon immer attraktiv: Mit über 50 Kunst-Sammlungen ist München deutscher Rekordhalter gleich nach Berlin. Dazu kommen Oper, Theater, Kabaretts und Kleinbühnen. Da werden wir doch fast wieder ein bisserl arrogant und sagen: Ja mei, dass »München leuchtet«, hat Thomas Mann schon 1902 gewusst!

München in Zahlen

5,2

Stunden täglich scheint die Sonne über München – länger als in jeder anderen deutschen Großstadt.

12

Klassikstücke laufen in den U-Bahn-Stationen Goetheplatz und Odeonsplatz in einer 300-Minuten-Schleife.

162

Liter Bier werden pro Münchner Kopf im Jahr getrunken.

291

Meter hoch ist der Olympiaturm und damit höchstes Bauwerk von München. Im Stadtkern allerdings bildet die Frauenkirche mit ihren knapp hundert Metern das Limit – gesetzlich festgeschrieben.

375

Hektar misst der Englische Garten. Somit ist er größer als der Londoner Hyde Park (142 Hektar) und der Central Park in New York (315 Hektar).

878

Meter messen die Stehplätze an den Pissoirs auf der Wiesn. Dazu gibt es 964 ›Sitzplätze‹ für Männer und Frauen.

1200

Kilometer umfasst das Münchner Radlnetz.

1300

Münchner Haushalte könnte man ein Jahr lang mit dem Strom versorgen, der während der Wiesn verbraucht wird.

30 000

Hunde gibt es in der Stadt (und damit täglich sechs Tonnen Hundekot).

7 500 000

Millionen Oktoberfestgäste schütteten 2015 in knapp drei Wochen 5,9 Millionen Liter Bier hinunter.

10 500 000

Euro nimmt die Stadt München jährlich durch Falschparker ein.

Was ist wo?

Nicht umsonst nennt man München ein Millionendorf: Die Stadt ist groß genug, um anspruchsvollen Kosmopoliten etwas zu bieten und die Einheimischen immer wieder zu überraschen, auf der anderen Seite aber so übersichtlich, dass man sich schnell daheim fühlt, immer wieder dieselben Haken schlägt. Und dabei denselben Menschen begegnet.

Im Herzen der Stadt

Wie in vielen mittelalterlichen Städten fällt die Orientierung leicht, weil sich alles um das alte Zentrum der Stadt, den **Marienplatz** (🕮 D 6), organisiert. Dieser Stadtkern wird vom **Altstadtring** (🕮 C–F 5–7) umschlossen, markiert durch die Überbleibsel der Stadtmauer in Form von Karlstor, Sendlinger Tor und Isartor. Der **Mittlere Ring** (🕮 Karte 5) wiederum, eine mehrspurige Straße, fasst die angrenzenden Viertel ein: Das ist die Innenstadt im weiteren Sinne. Alles, was außen vor liegt, ist eher Wohn- oder Industriegebiet und wird hier nicht erwähnt. Wenn Sie nur einen Tag Zeit haben und wenigstens das liebliche **Postkarten-München** kennenlernen wollen, sollten Sie im Herzen der Stadt beginnen. Sich einmal durch die Flut der Fußgänger vom Marienplatz über die Frauenkirche, zurück zu Residenz und Asamkirche schwemmen lassen, am St. Jakobsplatz ins Stadtmuseum hüpfen und auf dem Viktualienmarkt ein Schmankerl in der Sonne genießen. Neben den wichtigsten historischen Sehenswürdigkeiten sind Sendlinger, Neuhauser und Kaufingerstraße dicht besetzt mit den üblichen Konsumtempeln.

The Place to be

Vom Zentrum ist es ein Katzensprung ins **Glockenbachviertel** (🕮 C–E 7/8): So nennen Münchner die Isarvorstadt, beziehungsweise auch das Gärtnerplatzviertel. Südlich des Viktualienmarkts landet man im bunten Straßenstern rund um den **Gärtnerplatz** (🕮 D 7), der sich bis hinunter zu Isar und Südfriedhof erstreckt. Boutiquen, Hipster-Lokale, Fetisch-Shops, nette Bars und Cafés, exotische Restaurants – und natürlich das Blumenbeet vor dem Gärtnerplatz-Theater, das abends zum Laufsteg wird. Alle schimpfen über die Gentrifikation und die brutal angezogenen Meterpreise im ehemals Kleinbürger-, dann Schwulen-, dann Party-Viertel – sind aber trotzdem immer auf Wohnungsjagd in der angesagtesten Nachbarschaft. Kein Wunder, immerhin sind der Reichenbachkiosk am nahen Isarstrand und der kultige Bergwolf die einzigen verlässlichen Kalorienquellen nach Sperrstunde.

Münchens prominentestes Viertel

Rund um **Leopold- und Ludwigstraße** (🕮 E/F 1–5) scheint alles herrschaftlicher, weitläufiger, schicker zu sein. Und auch ein bisschen langweiliger. Trotzdem ist Münchens nördliches Zentrum immer noch Heimat der Studenten und der Kunst. **Schwabing** heißt im Volksmund alles, was sich nördlich des Odeonsplatzes am Englischen Garten entlang bis hinter die Münchner Freiheit zieht. Offiziell handelt es sich um **Maxvorstadt** und **Altschwabing.** Typisch München, lässt sich auch Schwabing nicht so leicht in die Schublade stecken. Schickimicki-Schein kann sich eine Straßenecke weiter in Studentencharme wandeln und umgekehrt. Hier trinkt man Aperol Sprizz im Nobelschuppen genauso selbstverständlich wie das Herrengedeck in der dunklen Kaschemme. Die entspannte Stimmung, die aus dem Englischen Garten schwappt, kann nur ein gewonnenes Bayernspiel aus der Ruhe bringen. Dann rollen aufgemotzte BMWs und tiefergelegte Golf Cabrios hupend über die Leopoldstraße.

Am Rande des Zentrums

Die andere, östliche Isarseite war lange Zeit verpönt als Arbeiter- und Kleine-Leute-Gegend. Ja, als Glasscherbenviertel. Während **Haidhausen** (🕮 F–H 6–8) sich zwar seinen dörflichen Charme bewahrt hat, und auch den alternativen Spirit der Achtziger, braucht man heute doch etwas Geld, um sich hier niederzulassen. Ähnlich sieht es in der **Au** (🕮 D–F 8/9) aus: Die Hochwassergefahr ist im Griff, die Isar wunderschön renaturiert, wer wollte nicht hier leben, so nah am Zentrum und doch so idyllisch? **Giesing** (🕮 Karte 5) kann nicht viel gegen sein raues Äußeres unternehmen, aber gerade die günstigeren Mieten und das weniger Gelackte zieht die Jungen an.
Und auch die Viertel im Süden und Westen Münchens blinken plötzlich vielversprechend auf dem Stadtplan, nachdem sie vor ein paar Jahren von Münchnern wie Touristen noch mit dem Hintern angeschaut wurden. **Sendling** (🕮 A/B 9/10) punktet mit Schlachthof-Charme und Graffito auf Backsteinfassaden, sowie dem heimeligen Mix aus bayerischer Bodenständigkeit und längst integriertem Orient. Die **Schwanthalerhöhe** (🕮 A 6), Münchens einziges echtes Multikulti-Viertel, dagegen schafft es, die Balance zwischen alter Identität und kreativer Aufbruchstimmung zu halten. Hier kann man noch Geheimtipps entdecken, bevor sie in der Stadtzeitung stehen.
Das eigentlich recht nahe **Neuhausen** (🕮 Karte 5) ist für Innenstädter immer noch irgendwie obskure Vorstadt. In den letzten Jahren aber färbt der Glanz von Nymphenburgs bonzigen Villen immer mehr ab aufs Nachbarviertel. Lebte man hier einst recht günstig in Genossenschaftswohnungen, steigt die Infrastruktur an netten Läden parallel zu den Mietpreisen. Wer in **Nymphenburg** (🕮 Karte 3) und dem benachbarten Stadtteil **Gern** (🕮 Karte 5) Villen gucken war, findet das Interieur für die eigene Bude danach in Neuhausens Schöner-Wohnen-Boutiquen.

Perfekte Welle

Wenn Newcomer an die Eisbachwelle kommen, müssen sie sich ganz schön was gefallen lassen – einmal von der Welle selbst, die auch erfahrene Surfer bei den ersten Versuchen abwirft. Zweitens vom Eisbach: Nicht nur ist das Wasser frostig, auch die Strömung ist tückisch. Kein Wunder, dass sich die Surfer von einem Monster erzählen, das unter der Welle haust. Wer nicht surft, lässt sich treiben: Damit erklären sich die Pfützen in der Tramlinie 18 – besonders Gewitzte nehmen in der Badehose die zwei Stationen vom Ausstieg an der Tivolistraße zurück zum Startpunkt an der Welle.

Sommernachtstraum

Wenn jedes Eckchen Gras besetzt ist zwischen den Blumenbeeten vor dem Gärtnerplatz-Theater, wirkt es beinahe wie ein Sit-In. Aber wer sich dazugesellt, merkt bald: Das einzige, wofür hier demonstriert wird, ist ein endloser Sommer. Der Platz bildet das Herzstück von Münchens beliebtestem Ausgehviertel. Aber oft bleibt man einfach hocken bis spät in die Nacht: Schließlich gibt's sogar Bier im Beet. Dass die Verkäufer einem das halbvolle Leergut gern voreilig aus der Hand reißen, gehört zum Charme der Gärtnerplatz-Nächte wie die schaulaufenden Hipster.

Nostalgie-Rausch

Während die einen sich auf das größte Gelage der Welt freuen, machen die anderen einen großen Bogen um die Theresienwiese. Bierleichen in der U-Bahn, seltsame Musik, Menschenmassen – das erträgt man nüchtern kaum. Dabei vergisst man manchmal den Charme des ehemaligen Volksfests: Uralte Schausteller-Betriebe, die sich zwischen nervös blinkenden Fahrgeschäften und mächtigen Bierzelten verstecken. Schlichte Wurfbuden, aber eben auch der Kettenflieger, der sich seit 1919 nicht verändert hat, oder das Toboggan: Eine Holzrutsche, über die man auf Sackleinen rutscht.

Ihr München-Kompass

#2

Sagenhaft – **im Schatten der Frauenkirche**

#3

Sinn und Sinnlichkeit – **vom Viktualienmarkt zum Jakobsplatz**

Auf Teufels SPUREN oder die Suche nach dem Wolpertinger

»Mai, is des guad!«

#1

Unten Kaufrausch, oben die Spieluhr – **am Marienplatz**

Marktplatz der Eitelkeiten

WOMIT FANGE ICH AN?

1 2 3

15 14 13 12

GROSSE IDEEN AUS DEN SECHZIGERN

#15

Avantgardistischer Alpenersatz – **der Olympiapark**

Slowdown auf Königinnenart

#14

Spazieren und Flanieren – **Schloss Nymphenburg**

VIERTEL MIT SEELE

Wo sich München RENATURIERT und REGENERIERT

#13

Der vergessene Stadtteil – **Schwanthalerhöhe**

#12

Acht Kilometer Stadtstrand – **die Isar**

#4
Rom? Florenz? Monaco! – **Rund um den Odeonsplatz**

#5
Kulturschock – **im Kunstareal**

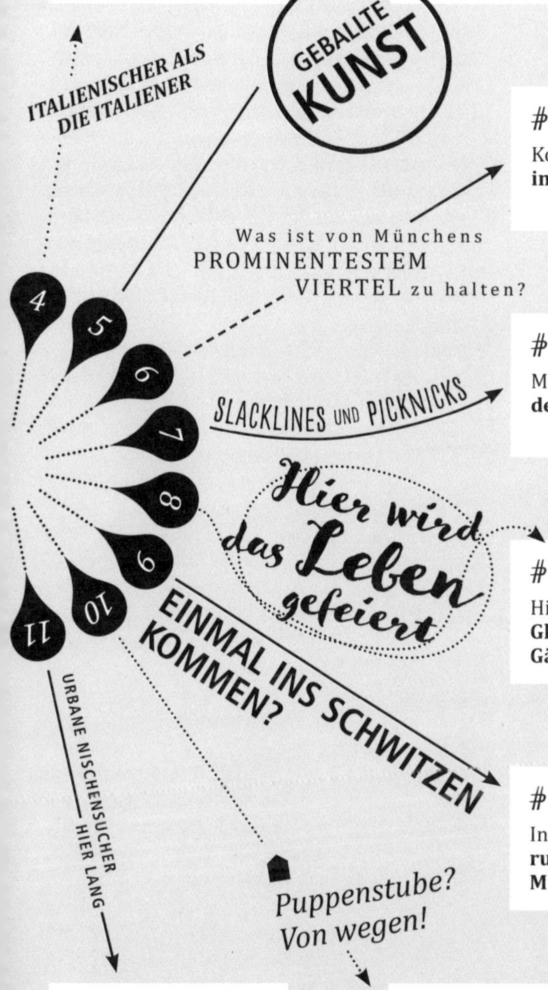

#6
Kontrastprogramm – **in Schwabing**

#7
Münchner Freiheit – **der Englische Garten**

#8
Himmel für Hipster – **Glockenbach und Gärtnerplatz**

#9
Inselhopping – **rund ums Deutsche Museum**

#10
Auf der anderen (Isar-)Seite – **Haidhausen und Au**

#11
Szenenwechsel im Süden – **Giesing und Schlachthof**

1

Unten Kaufrausch, oben die Spieluhr – **am Marienplatz**

Bereits zu Zeiten Heinrich des Löwen war der Marienplatz Schnittpunkt einer Weinhandelsstraße und der Salzstraße, die durchs Isartor in die Stadt führte. Ein klassischer Marktplatz ist er zwar längst nicht mehr, aber immer noch bildet er das Herzstück der Altstadt. Und: Wer für oder gegen etwas ist, tut das hier kund – mal mit mehr, mal mit weniger Gefolge.

Mindestens zwei der Punkte, die das Zentrum einer Stadt definieren, treffen eindeutig auf den Marienplatz zu: Einerseits ballen sich rund ums **Neue Rathaus** 1 alle bekannten Mode-Ketten und Luxuskaufhäuser. Und zum Zweiten verknotet sich hier

Gar nicht so alt, wie es aussieht – das Neue Rathaus am Marienplatz wurde erst 1909 fertiggestellt.

unterirdisch das Netz von U-Bahn und S-Bahn. Hat man sich aus den Untergeschossen ans Tageslicht gearbeitet, findet man sich in einer Hektik wieder, die man von München sonst nicht kennt. Als ob das Leben dran hinge, in kürzester Zeit möglichst viel Geld auszugeben.

Vielleicht hat es deswegen etwas so angenehm Rückwärtsgewandtes, wenn um elf und zwölf Uhr, im Sommer auch um 17 Uhr das Glockenspiel erklingt, die Menschen in der Bewegung einfrieren und die Köpfe sich nach oben wenden. Alle Köpfe? Nein, das echte Münchner Kindl nutzt die folgenden zwölf Minuten, um sich den Weg durch die erstarrte Masse zu bahnen. Währenddessen folgen die Augen der weniger Abgebrühten dem mittelalterlichen Schauspiel im offenen Erker des Neuen Rathauses:

Der blaue Ritter holt Anlauf, angeheizt durch die Narreteien der Gaukler und die Hörner der Herolde. Hebt die Lanze – und stößt. Der rote Ritter kippt im Sattel nach hinten. Es tanzen die Schäffler, der Hanswurst gibt den Takt, der Hahn kräht dreimal.

Und dann – aber das sieht man von unten nicht – beugt sich ein Mann durch die Luke, etwa 30 Meter über dem Marienplatz, packt den getroffenen Ritter am Rumpf und richtet ihn wieder auf. Im Winter kann er sich das oft sparen, weil er im Sattel festgefroren ist.

Um 21 Uhr setzt sich die Mechanik im Rathausturm erneut in Gang – und ein Nachtwächter mit seinem Hund dreht die letzte Runde des Tages.

H
HYMNE

Wie zentral der **Alte Peter** für die Identität der Münchner ist, zeigt die **Stadthymne:** »Solang der Alte Peter am Petersbergl steht, solang die grüne Isar, durch d'Münchner Stadt no geht, solang da drunt am Platzl, no steht das Hofbräuhaus, solang stirbt die Gemütlichkeit in München niemals aus.« 1948 machte der Bayerische Rundfunk die Takte der ersten Zeile zum Pausenzeichen. Die letzte Silbe ließ man weg, solange die Peterskirche in Trümmern lag. Erst nach der Rekonstruktion 1951 wurde sie hinzugefügt.

Eine Sache des Blickwinkels

Die luftige Bühne ist dem Herrn der Glocken aka Hausmeister vorbehalten. Dafür kann man die Aussichtsgalerie weiter oben ganz einfach mit dem Lift erreichen – das lohnt sich nicht nur zum Durchschnaufen. Sondern auch, um sich einen Moment vorzustellen, wie unten am Platz einmal Getreide gehandelt wurde, statt mit Plastiktüten geschubst: An die Marktstände erinnern die roten Platten im grauen Pflaster.

Die pompöse **Mariensäule** 2 ist von hier oben lächerlich klein, dabei spielt sie eine wichtige Rolle in der Geschichte der Stadt. Sie wurde von Kurfürst Maximilian zum Dank dafür errichtet, dass München im Dreißigjährigen Krieg verschont blieb. Mit der Säule kam er wesentlich günstiger weg, als mit

#1 Marienplatz

Nicht nur Kinder beobachten gespannt die Vorstellung des größten Glockenspiels Deutschlands. Im Jahr 1909 wurde es erstmals der Münchner Öffentlichkeit präsentiert. Nach gut 100 Jahren musste das Glockenspiel restauriert werden, da ihm Luftverschmutzung und Korrosion über die Jahrzehnte stark zugesetzt hatten. Weil das dazu nötige Geld im Stadtsäckel fehlte, wurde eine Spendenaktion ins Leben gerufen. Den Spenden der Münchner Bürgerschaft von rund 660 000 Euro ist es zu verdanken, dass die Sanierung der Glocken rechtzeitig zum 850. Stadtgeburtstag (am 16. November 2007) abgeschlossen wurde.

einer ganzen Kirche. Sie gilt als Nullpunkt der Kilometerzählung und ist damit geometrischer Stadtmittelpunkt.

Der verzierte Sockel erinnert an alle Übel des Mittelalters: Ketzerei (Schlange), Krieg (Löwe), Hunger (Drache) – und die Pest (Basilisk). Von letzterer war München besonders arg heimgesucht: Deswegen kriecht am südwestlichen Ende des Rathauses ein riesiger Lindwurm die Fassade hoch. Ein solcher soll hier mit seinem Atem die Pest gebracht haben. Auch die tanzenden Schäffler im Glockenspiel erklären sich durch die Epidemie. Als sich niemand mehr auf die Straße traute, begannen die Fassmacher die Städter mit guter Laune nach draußen zu locken.

INFOS/ÖFFNUNGSZEITEN

Rathausturm 1: Marienplatz 8, T 089 233 00, Winter Mo–Fr 10–17, Sommer tgl. 10–19 Uhr, 2,50 €

Spielzeugmuseum im Alten Rathaus 5: Marienplatz 15, T 089 29 40 01, tgl. 10–17.30 Uhr, 4 €
Alter Peter 6: Rindermarkt 1, www.erzbistum-muenchen.de/StPeterMuenchen, Mo–Sa 9–17. 30 Uhr, 1,50 €

KULINARISCHES FÜR ZWISCHENDRIN

Café Glockenspiel 1: Marienplatz 28, 089 26 42 56, www.cafe-glockenspiel.de, Mo–Do 9–24, Fr–Sa 9–1, So 10–19 Uhr
Hofbräuhaus 2: Platzl 9, T 089 290 13 61 00, www.hofbraeuhaus.de, tgl. 9–23.30 Uhr
Wer nur schnell was auf die Hand möchte: Münchens Traditionsbäcker **Rischart** 3 bietet von der Butterbrezn über den Zwetschgendatschi bis zur Leberkäs-Semmel typische Schmankerln zum Mitnehmen. (Marienplatz 18, tgl. 8–19 Uhr)

Cityplan: Karte 2, D/E 6 | **S-/U-Bahn** Marienplatz, **Tram** 17, 19, 38, N19

Der **Fischbrunnen** 3 daneben ist die älteste Wasserstelle der Stadt – ihm werden spirituelle Kräfte nachgesagt: Wer am Aschermittwoch den leeren Geldbeutel darin wäscht, wird das ganze Jahr über keine finanziellen Sorgen haben.

Wer sich die Rathausfassade samt Ritterturnier in Ruhe angucken will, setzt sich am Besten ins **Café Glockenspiel** 1 im fünften Stock des Gebäudes gegenüber. Das Neue Rathaus wirkt mit seiner neugotischen Prunkfassade zwar wie das älteste Gebäude am Platz, wurde aber erst zwischen 1867 und 1909 erbaut. Die 400 Jahre zuvor wurde München vom **Alten Rathaus** 4 aus regiert, das an der Ostseite des Marienplatzes sitzt. In dessen Turm befindet sich heute das **Spielzeugmuseum** 5 – ein Zuckerstückchen für Nostalgiker mit alten Modelleisenbahnen, Plüschtieren, Puppenstuben und Blechautos.

Die beste Aussicht jedoch bietet der **Alte Peter** 6. So nennen die Münchner den Kirchturm im Süden des Platzes. Bis ins 12. Jh. geht die Geschichte der Kirche zurück. Seitdem hat sie allerdings zahlreiche Stilveränderungen mitmachen müssen und wurde im Zweiten Weltkrieg bis auf einen Turmstumpf zerstört. Dass die Uhr acht Zifferblätter hat, erklärt sich nach Lokalhumorist Karl Valentin von selbst: Sonst könnten ja nicht acht Leute gleichzeitig gucken. Wer schwindelfrei ist und sich 306 Stufen antut, hat einen unvergleichlichen 360-Grad-Blick: Von den nahen Türmen der Frauenkirche bis zu den fernen Alpen – falls der Föhn sie mal wieder unwirklich herangezoomt hat.

Nachdem man dem Himmel gerade so nah war, hält man vielleicht ein bisschen barockes ›Mememto Mori‹ aus. In der Kirche St. Peter sind die Reliquien der heiligen Munditia gewöhnungsbedürftig offen ausgestellt. Ihr Skelett liegt mit Gold und Juwelen überhäuft in einem gläsernen Sarg. Ein Geschenk aus Rom. Wer eine Kerze lockermachen will: Sie gilt als Patronin der alleinlebenden Frauen.

UM DIE ECKE

Wer es partout sehen will: Das **Hofbräuhaus** 2 am Platz gilt als DIE München-Attraktion. Hier stand einmal die königliche Brauerei. Heute ist es die Gaststätte mit der höchsten Touri-Dichte der Stadt. Überhaupt lässt sich der Platz gut ignorieren: Wer will schon ins Hard Rock Café Munich?

F
FÖHN

Das Klischee vom ständigen Biergartenwetter mit weiß-blauem Himmel hat tatsächlich seine Berechtigung: Die Zahl der Sonnenstunden ist in München höher als anderswo im Land. Dafür ist auch der berühmte **Föhn** mitverantwortlich. Das ist diese seltsame Höhen-Wetterlage, die die Alpen am Horizont greifbar scharf wirken lässt. Und die Euphorie bis Kopfschmerzen hervorrufen kann. Die Idee, die U-Bahn bis zum Gardasee zu verlängern, ist sicher auch an einem Föhntag entstanden.

#2

Sagenhaft – **im Schatten der Frauenkirche**

Zwischen Marienplatz und Stachus kann man sich weiterhin prächtig anrempeln lassen (17 000 Passanten pro Stunde) und Geld ausgeben – nicht umsonst heißt die Fußgängerzone hier Kaufingerstraße. Doch bewegt man sich zu nah an den Fassaden der Geschäfte, verpasst man ihn fast: Den roten Backsteinbau der Frauenkirche.

Eigentlich auf Fernwirkung konstruiert, klemmt er heute so eng zwischen den Gebäuden, dass man schon ein paar Meter Abstand braucht, um seine Türme zu entdecken.

Offiziell heißt die **Frauenkirche** 1 »Dom zu Unserer Lieben Frau«, aber die Münchner haben

Turm ist nicht gleich Turm: Mit 98,57 Metern ist der Nordturm der Frauenkirche zwölf Zentimeter höher.

gerne eigene Namen für ihre Sehenswürdigkeiten. Der Stachus heißt schließlich auch offiziell **Karlsplatz** 2. Man erinnert sich hier aber offensichtlich lieber an die Wirtschaft von Eustachius Föderl als an den volksfernen Kurfürsten ....

Zwischen Grundsteinlegung 1468 und Weihe lagen nur 20 Jahre, Rekordzeit für einen Dom. Das Kirchenschiff ist immerhin 109 Meter lang, 40 Meter breit und 37 Meter hoch und bietet 20 000 Menschen Platz – zu Baubeginn hatte München gerade einmal 13 000 Einwohner. Die berühmten ›Welschen Hauben‹ wurden erst 1525 aufgesetzt, weil noch einige Jahre zuvor Kanonen auf den Türmen standen. Die Form der Hauben geht wahrscheinlich auf den Felsendom in Jerusalem zurück, den man lange für den antiken Tempel Salomos hielt. Damals waren gerade die ersten Holzschnitte von Jerusalem bekannt geworden. Vielleicht stellten sie aber einfach nur eine kostengünstige provisorische Abdeckung dar.

Hier geht's mit dem Teufel zu

Befinden Sie sich gerade am Eingang zum Dom und spüren Sie einen seltsamen Windhauch? Eine ordentliche Brise gar? Da ist der Teufel dran schuld! Beziehungsweise der Zeitdruck.

Der Baumeister Jörg von Halspach, auch Ganghofer genannt, hatte angeblich den Sparifankerl ins Team geholt, um die Frauenkirche zügig fertigzustellen. Lohn sollte die Seele der ersten Person sein, die durchs Kirchenportal tritt. Als der Teufel eines Tages anrauschte, um seinen Preis zu fordern, wies Ganghofer ihn mit der Begründung ab, er sei ein schlechter Mitarbeiter gewesen: Denn wo seien die Fenster?

Der Teufel blickte sich um, sah nur Wand, stampfte vor lauter Wut auf und verwandelte sich in einen stürmischen Wind, der bis heute um die Kirche braust. Der handfeste ›Beweis‹ ist ein schwarzer Fußabdruck mit einem Sporn an der Ferse. Von diesem Standpunkt aus verdeckten ihm Säulen den Blick auf die Fenster.

Man kann sich vorstellen, dass die Münchner damals dachten, es muss beim Bau mit dem Teufel zugegangen sein. Außerdem ist die Sage ein Verweis auf die geschickte Architektur: Trotz seiner Größe wirkt der Innenraum nämlich keineswegs erdrückend. Er ist durch zweireihig ange-

▶ INFOS

Die kostenlose iOS-App **Ludwig II. – auf den Spuren des Märchenkönigs** zeigt München aus der Perspektive des bayerischen ›Kini‹.

F FOTO

Die Frauenkirche war das **erste deutsche Fotomotiv.** Monate bevor die französische ›Daguerreotypie‹ 1839 dem Fachpublikum vorgestellt wurde, schossen zwei Münchner Wissenschaftler das erste deutsche Foto. Gerade einmal vier Zentimeter misst das heute noch erhaltene Negativ des Fotos, das im Deutschen Museum zu bestaunen ist.

Auch wenn der Teufel sie nicht sah – selbstverständlich gibt es Fenster in der Münchner Frauenkirche. Noch dazu sehr schöne!

ordnete Pfeiler gegliedert, die vom Hauptportal aus wie lichte Wände erscheinen.

Ein weiterer Auswuchs der Münchner Lust am Fabulieren findet sich ums Eck, im **Jagd- und Fischereimuseum** 3. Klingt erst mal nicht nach

INFOS/ÖFFNUNGSZEITEN

Frauenkirche 1: Frauenplatz 12, www.muenchner-dom.de, tgl. 7.30–20.30 Uhr

Jagd- und Fischereimuseum 3: Neuhauser Str. 2, www.jagd-fischereimuseum.de, tgl. 9.30–17, Do 9.30–21 Uhr

Michaelskirche 5: Neuhauser Str. 6, Mo/Fr 10–19, Di 8–20.15 Uhr, Mi/Do/Sa 8–19, So 7–22.25 Uhr

Falk's Bar 1: Promenadepl. 2–6, T 089 21 20 956 0, tgl. 11–2 Uhr

KULINARISCHES FÜR ZWISCHENDRIN

Im **Kismet** 1 gibt's oben eine Bar mit guten DJs – und unten werden vegetarische orientalische Gerichte serviert (Löwengrube 10, www.kismet.cc, Mo–Sa 18–0 Uhr).

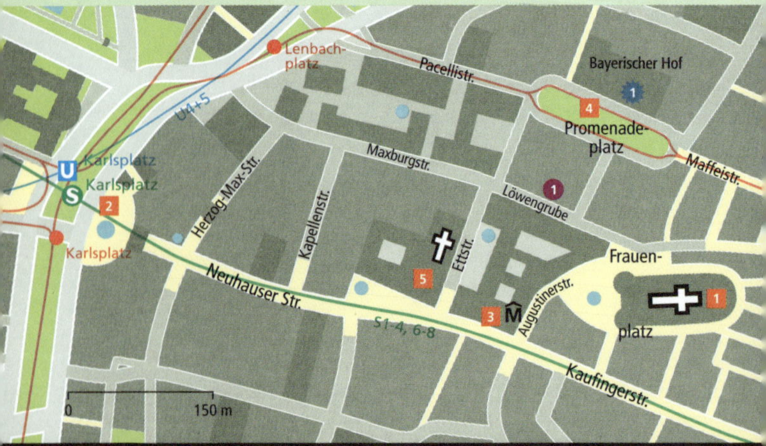

Cityplan: Karte 2, C/D 6 | **S-/U-Bahn** Karlsplatz, **Tram** 17, 19, 38, N19

einer Adresse für den Citytrip, schon gar nicht für Tierfreunde, aber unter tausend Präparaten befinden sich auch mehrere Exemplare einer exklusiv bajuwarischen Spezies: Der Wolpertinger, auch als Hirschbockbirkfuchsauergams bekannt. Allgemein sehr scheu, Zugereisten gegenüber jedoch manchmal angriffslustig. Aber keine Sorge, sein natürlicher Lebensraum sind der Bayerische Wald und die Alpen. In München gibt es ihn nur ausgestopft: So kann man sich in Ruhe die wilden Kreuzungen aus bis zu acht heimischen Tieren angucken.

Der Kini und der King of Pop

Noch nicht schräg genug? Auch am Promenadenplatz vor dem Bayerischen Hof wird einer sagenhaften Gestalt gehuldigt. Das berühmte Grandhotel hat schon Sissi und Sigmund Freud beherbergt, aber auch der ›King of Pop‹ stieg hier regelmäßig ab. Noch am Todestag von Michael Jackson 2009 haben Fans hier eine **Gedenkstätte** 4 errichtet bzw. einfach das 150 Jahre alte Standbild des Komponisten Orlando di Lasso mit Fotos, Briefen und Blumen umgewidmet. Der Polizei ist das Ganze ein Dorn im Auge. Denn seit Jahren gibt es unter den Fan-Gruppen Streit um die Besitzansprüche.

Ein anderer Märchenkönig gibt sich da wesentlich ruhiger in seiner letzten Ruhe, wenn auch weniger bescheiden, was die Platzwahl angeht. König Ludwig II., Erbauer des Schloss Neuschwanstein und anderer grandioser Verrücktheiten, liegt in der Fürstengruft ein paar Häuser weiter begraben: in **St. Michael** 5. Die Jesuitenkirche besitzt nach dem Petersdom in Rom das zweitgrößte freitragende Tonnengewölbe der Welt und ist die größte Renaissance-Kirche nördlich der Alpen.

UM DIE ECKE

Eine Nacht wird bei den meisten nicht drin sein, aber ein Drink an der **Falk's Bar** 1 im gediegenen Bayerischen Hof ist bereits eine lohnende Investition: Im Spiegelsaal von 1839, dem einzigen Raum des Bayerischen Hofs, der den Zweiten Weltkrieg unversehrt überstand. Ein paar Millionen hat der Umbau 2002 gekostet. Entsprechend dekadent sind Atmosphäre und Publikum.

Ü ÜBRIGENS

Wolpertinger jagen: Die niedlichen Tierchen sind als Trophäe so beliebt, weil ihre Spucke den Schnauzerwuchs anregt und das Geweih ein Garant für Glück in der Liebe ist. Allerdings ist das Unterfangen nicht leicht: Die Jagd muss bei Vollmond stattfinden. Genau 15 Tage vor starken Gewittern zeigen sie sich besonders häufig. Allerdings nur jungen, gut aussehenden Frauen. Diese müssen sich dabei der Begleitung eines zünftigen Mannsbilds anvertrauen, das die richtigen Stellen kennt. Fangen kann man das Tierchen entweder, indem man ihm Salz auf den Schwanz streut, oder eine Kerze vor einen Sack stellt. Die interessanteste Methode: Da der Wolpertinger rechts und links unterschiedlich lange Beine hat, kann er nur auf Hügelflanken und in festgelegter Richtung laufen. Wenn es gelingt, ihn so zu erschrecken, dass er eine Kehrtwende macht, fällt er zwangsläufig um.

3

Sinn und Sinnlichkeit – vom Viktualienmarkt zum Jakobsplatz

Dass das edle Altstadt-Pflaster südlich vom Alten Peter von Markständen ›verschwendet‹ wird, spricht für die Genusssucht der Münchner. Allerdings handelt es sich beileibe nicht um einen günstigen Bauernmarkt. Im Gegenteil, nirgendwo stopft man den eigenen Ranzen oder das Gemüsenetz exquisiter.

Als König Max I. Joseph den Markt vom Marienplatz hierher verlegen ließ, mussten für die damalige Zeit außergewöhnliche karitative Einrichtungen weichen: zwei Spitäler, ein Frauenheim und ein Waisenhaus – betrieben von Augustinermönchen. Der König reagierte mit dem unschönen Zug auf das heftige Chaos, in dem der benachbarte Marienplatz täglich versank: Bauern aus dem Umland

An den 130 Ständen des Viktualienmarkts türmen sich erlesene Leckereien.

kamen mit Feldfrüchten und allerlei Getier in die Stadt. Auch Exotisches fand seinen Weg über die immer besser ausgebauten Handelsstraßen. Dieses Bauernfest im Zentrum der florierenden Residenzstadt missfiel dem König.

Wie zu erwarten, ging es auf dem neuen **Viktualienmarkt** 1 jedoch bald genauso zu – die latinisierte Bezeichnung für Lebensmittel (victus) galt damals als schick im Bildungsbürgertum.

Vom rustikalen Charme der Prinzregentenzeit ist heute wenig geblieben, und selbst die derben Sprüche der Marktleute klingen eher nach Volkstheater. Trotzdem ist der Viktualienmarkt ein einzigartiges Fleckchen, an dem die Sinne zelebriert werden, als ob es kein Morgen gäbe. Und selbst wer hier nichts kauft, gewinnt doch einen tiefen Einblick in die Vielfalt der Stadt, ob das nun ihre Menschen oder ihre Kartoffelsorten angeht.

Auf 130 Standln türmen sich barock anmutende Stillleben von Bio-Gemüse, exotischem Obst, Käse, Meeresfrüchten, Backwaren, Pralinen und Blumen. Von Aal bis Falafel, von Grüntee bis Schweinebratensemmel, vom Schnaps bis zur Schmalznudel im **Café Frischhut** 1, wo sich Nachtschichtler oder Feierwütige, die früh morgens aus dem Club stolpern, eine süße Anti-Kater-Grundlage holen.

Außerdem stromern Sterneköche, Hausfrauen, Halb-, Voll- und Schon-lang-nicht-mehr-Promis herum. Und im Biergarten um den 37 Meter hohen Maibaum wird im Wechsel das Bier von den sechs Stammbrauereien ausgeschenkt.

Dass es hier lustig zugehen darf, beteuern auch die Statuen an den sechs Brunnen, die Volkssänger und Komiker wie Karl Valentin ehren. Besonders am Faschingsdienstag, wenn die Marktweiber tanzen. Einzige Reminiszenz an den karitativen Charakter, den die Mönche dem Platz einst gaben, ist heute das Promi-Wiegen. Seit 1974 setzen die Händler am ersten Donnerstag nach dem Oktoberfest einen Münchner Prominenten auf die Waagschale und legen sein Gewicht in Lebensmitteln zusammen. Der Erlös wird gespendet.

Ein Original ist die Bäckerliesl im Süden des Viktualienmarktes. Als älteste Standlfrau hat Elisabeth Forstner 2015 ihren 90. Geburtstag gefeiert, seit 1950 betreibt sie einen Backwarenverkauf. Ab und zu steht sie sogar noch selbst hinter der Theke. Geheimtipp: Bauernkruste.

W WASSER

Die **Brunnen** auf dem Viktualienmarkt erinnern daran, welch markante Rolle das Wasser hier einmal gespielt hat. Früher flossen sieben Rinnsale in ungeordnetem Muster über den Markt. Ja, in ganz München verzweigten sich einmal etwa neunzig Seitenarme des Isarkanals. An einem der Bäche auf dem heutigen Viktualienmarkt befand sich bis 1810 die Bäckerschnelle, in der zum Hohn untergetaucht wurde, wer beim Brot am Korn gespart hatte.

Am 9. November 2006 wurde die neue Münchner Hauptsynagoge Ohel Jakob (hebräisch: Zelt Jakobs) feierlich eröffnet. Nachdem die Torarollen aus der alten Synagoge in der Reichenbachstraße in einem feierlichen Umzug in das Jüdische Zentrum Jakobsplatz getragen worden waren, übergab Oberbürgermeister Christian Ude Frau Charlotte Knobloch als Präsidentin der Israelitischen Kultusgemeinde München die Schlüssel zur Hauptsynagoge.

Jüdisches Zentrum

Der Jakobsplatz ein paar Schritte westlich vom Viktualienmarkt dagegen hat sich andersherum entwickelt über die Jahrhunderte: vom frivol-derben Zentrum des mittelalterlichen Lebens zum kulturell-spirituellen Herzstück der Jüdischen Gemeinde. Inmitten des Handwerkerviertels gelegen, bestimmten den Platz ursprünglich das Henkershaus und das Bordell. (Wobei der Henker gleichzeitig der offizielle Verwalter des Freudenhauses war.)

Nach den Bombennächten im Zweiten Weltkrieg galt der Jakobsplatz lange Zeit als innerstädtische Brache. Bis vor zehn Jahren. 68 Jahre nach der Reichspogromnacht sollte die heute mit etwa

INFOS/ÖFFNUNGSZEITEN

Jüdisches Museum 2: Sankt-Jakobs-Platz 16, www.juedisches-museum-muenchen.de, Di–So 10–18 Uhr

Münchner Stadtmuseum 3: Sankt-Jakobs-Platz 1, www.muenchner-stadtmuseum.de, Di–So 10–18 Uhr

Asamkirche 4: Sendlinger Str. 32, Mo–Do/So 8–17.30, Sa 12–17.30 Uhr

Valentin Karlstadt Musäum 5: Tal 50, www.valentin-musaeum.de, Mo/Di/Do 11.01–17.29, Fr–Sa 11.01–17.59, So 10.01–17.59 Uhr

KULINARISCHES FÜR ZWISCHENDRIN

Café Frischhut 1: Prälat-Zistl-Str. 8, Mo–Sa 8–18 Uhr

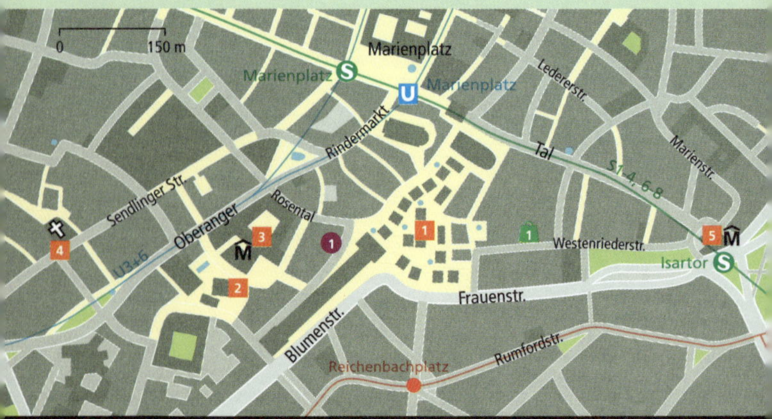

Cityplan: Karte 2, D/E 6/7 | **S-/U-Bahn** Marienplatz, Isartor, **Tram** 16, 18, N16

9500 Mitgliedern zweitgrößte jüdische Gemeinde Deutschlands endlich wieder ein würdiges Domizil bekommen. 57 Millionen Euro ließen sich Staat, Stadt, Gemeinde und Spender das modern und sehr edel gestaltete Ohel Jakob kosten.

Das Zentrum der Israelitischen Kultusgemeinde umfasst neben der Synagoge ein Gemeindehaus und das neue **Jüdische Museum** 2. Eine Dauerausstellung gibt eine Idee vom einstigen jüdischen Leben in München – und natürlich wird an die Opfer des Nationalsozialismus erinnert. Dass der Bau rund um die Uhr von ehemaligen Elitesoldaten der Israelischen Armee bewacht wird, ist leider nicht übertrieben: Zur Grundsteinlegung hatten Neonazis einen Bombenanschlag auf das Gelände geplant, den die Polizei glücklicherweise vereitelte.

Um mehr über die dunkle Vergangenheit Münchens als Gründungsort der NSDAP und »Hauptstadt der Bewegung« zu erfahren, muss man nur einmal über den Platz ins ehemalige Zeughaus laufen. Denn dort befindet sich heute das **Münchner Stadtmuseum** 3. Es zeigt aber auch Vergnüglicheres wie die Ausstellung »Typisch München« zur Kulturgeschichte der Stadt. Außerdem gibt es neben temporären Foto- und Kunstaustellungen eine beeindruckende Puppen- und Musiksammlung, sowie das überregional bekannte Filmmuseum.

UM DIE ECKE

Ist das Kunst, oder schmeckt das auch? Beides! Wilhelmine Raabe von **Sama Sama** i fertigt in ihrem Winzladen Skulptürchen aus Zuckerwerk, die man am liebsten zu Hause in die Vitrine stellen würde (Westenriederstr. 21, www.samasama.de, Mo–Fr 9–18, Sa 8–16 Uhr).

Wer vom Viktualienmarkt ins Tal hinunter wandert, trifft auf das Isartor. Auch hier nimmt man alles nicht ganz so ernst: Eine der Uhren hat ein verdrehtes Ziffernblatt und im Turm befindet sich das **Valentin Karlstadt Musäum** 5. Zur Weihnachtszeit wird unter dem Tor die größte Feuerzangenbowle der Welt aufgebaut.

Die Künstlerin Michaela Melián hat 300 Tonspuren zu Orten des Nationalsozialismus gesammelt. Karte und Geschichten können per App (iOS, kostenlos) oder über die Website aufgerufen werden. Der Rundgang wurde mit dem Grimme Award ausgezeichnet (www.memoryloops.net).

Ü ÜBRIGENS

Auf engstem Raum zwischen zwei Häuser gebaut wurde die **Asamkirche** 4 in der Sendlinger Straße: Ein Meisterstück späten Barocks, von den Architektenbrüdern Asam eigentlich für ihren Privatgebrauch gestaltet. Weil sie keinem Auftraggeber verpflichtet waren, konnten sie ihrer Phantasie freien Lauf lassen. Einer der Brüder baute sich sogar ein Guckloch vom Nachbarhaus ein. Erst später wurden sie gezwungen ihr Schmuckstück allen Bürgern zu öffnen.

Schon seit 1953 steht der Karl Valentin-Brunnen auf dem Münchner Viktualienmarkt. Am stets aufgefrischten Blumenschmuck wird deutlich, dass Karl Valentin einen ganz besonderen Ehrenplatz im Herzen der Münchner innehat.

4

Rom? Florenz? Monaco! – **Rund um den Odeonsplatz**

Die Szene, die sich bei ersten Sonnenstrahlen vor dem Tambosi abspielt, ist genau das, was Berliner unsexy an München finden – und die Bussi-Bussi-Gesellschaft in höchstem Maße lebenswert. Vor Münchens ältestem Kaffeehaus – über 200 Jahre ist es schon alt – schausonnen sich dann Perlohrdamen mit Sonnenbrillen von mailändischen Ausmaßen. Man muss verzeihen, dass sie sich für italienischer als die Italiener halten.

Immerhin blickt man vom **Tambosi** 1 auf den **Odeonsplatz** 1 und damit auf eine Kirche im italienischen Spätbarock und die Feldherrnhalle nach Vorbild einer florentinischen Loggia. Auffällig ist die hellgelbe Außenfassade der **Theatinerkirche** 2, die mit zwei Türmen und einer mächtigen Kuppel schon von Weitem zu sehen ist. Der strahlend wei-

Mehr Italien geht eigentlich nicht: Der Münchner Odeonsplatz mit Feldherrnhalle und Theatinerkirche.

ße Innenraum hält das Versprechen, so reich ist er mit Stuck dekoriert. Der Prunk hatte einen guten Grund: Die Kirche war die Revanche von Prinzessin Henriette Adelheid von Savoyen an ihren Ehemann Ferdinand Maria von Bayern zum Thronfolger Max Emanuel. Er hatte ihr zu diesem Anlass immerhin ein Schlösschen geschenkt: Nymphenburg.

Gegenüber geht es nicht minder pompös zu. Denn hier liegt Deutschlands größtes Innenstadtschloss: die **Residenz** 3. Heute sieht man ihr kaum an, dass nach den Bomben des Zweiten Weltkriegs Regen und Schutt in den Räumen schwammen, in denen einst Kurfürsten und Könige residierten. Die vier berühmten Bronze-Löwen am Eingang lagen damals zum Schutz im Brunnenhof vergraben.

Inoffizieller Treffpunkt der Münchner Tanz-Szene bei schönem Wetter ist der Hofgarten der Residenz. Dort findet sich ein kleines Tempelchen mit dem Namen »Diana-Tempel«, das regelmäßig von Tänzern und Musikern in Beschlag genommen wird: Salsa, Tango und Swing. Diese Treffen werden von der Schlösser- und Seenverwaltung offiziell geduldet.

Durch Zeit und Raum

Längst kann man die Nasen der Glücksbringer (zwei werden gerade restauriert) wieder streicheln und sich danach einen Crashkurs in Kunstgeschichte zu Gemüte führen: Hundert opulente Zimmer, Wohnungen und Ballsäle bilden das »Raumkunstmuseum« der Residenz und führen durch alle wichtigen europäischen Stilepochen: von Gotik zu Renaissance, Barock zu Rokoko und Klassizismus. Aufwändige Dekore, Gemälde und Möbel, Seide an den Wänden und viel Gold geben eine Ahnung davon, wie das Selbstverständnis der bayerischen Herrscher aussah.

Ein besonderes Kleinod ist ein Anbau von 1753: Das **Cuvilliés-Theater** 4. Schon allein, weil dafür tausend Bäume abgeholzt wurden, schuldet man dem schönsten Rokoko-Theater Deutschlands einen Besuch. In den Rängen spiegelt sich die höfische Gesellschaftsordnung des 18. Jh. wider. Die größte Loge bekam natürlich der Kurfürst. Weil der Hofstaat für die Zuschauer viel interessanter war als die Bühne, brannten im Zuschauerraum 1341 Wachskerzen. Eine davon machte damals etwa einen Arbeiter-Wochenlohn aus. Hier werden heute noch Konzerte und kleinere Opern aufgeführt.

Einen Schlosspark gibt's natürlich auch. Der **Hofgarten** 5 ist zwar streng symmetrisch angelegt, ansonsten geht es aber recht locker zu. Hinter dem Tor legt sich die Ruhe wie ein Wattebausch aufs Gemüt, meist hört man nur das lethargische Tocken der Boule-Kugeln.

Siegestor

INFOS/ÖFFNUNGSZEITEN

Theatinerkirche 2: Salvatorplatz 2A, www.theatinerkirche.de, Mo–Fr 9–13 und 14–16, Sa 9–12 Uhr

Cityplan: D/E 5/6 | **U-Bahn** Odeons

Residenzmuseum 3: Residenzstr. 1, www.residenz-muenchen.de, tgl. Sommer 9–18, Winter 10–17 Uhr, Kombikarte: »Residenzmuseum/Schatzkammer/Cuvilliés-Theater« 13 €

Hofgarten 5: Hofgartenstr. 1, durchgehend geöffnet

Bayerisches Nationaltheater 1: Max-Joseph-Platz 2, www.staatsoper.de

KULINARISCHES FÜR ZWISCHENDRIN

Tambosi 1: Odeonsplatz 18, www.tambosi.com, tgl. 8–1 Uhr. (Ende 2016 aufgrund eines Pächterwechsels geschl., bei Redaktionsschluss war noch offen, wie es mit dem Café weitergeht.)
Die Residenzstraße steht eigentlich eher für Tradition und Klassisches, eben die Lodenmantelträger. Umso netter, dass sich hoch über der Straße das jeansjackige **Stereo Café** 2 verbirgt, mit Terrasse! Wer die Hausnummer nicht findet, nach oben schauen hilft (Residenzstr. 25, www.stereo-cafe.de, Mo–Sa 10–20 Uhr).

Ü
ÜBRIGENS

Hitler nutzte die imposante Architektur der **Feldherrnhalle** 7 für seine Propaganda. 1933 errichtete er dort eine Gedenkstätte. Jeder, der sie passierte, musste der Ehrenwache der SS den Hitlergruß erweisen. Wer dem entgehen wollte, nahm die **Viscardigasse** 8, seitdem auch als ›Drückebergergasse‹ bekannt. An diesen zivilen Widerstand erinnert heute symbolisch ein geschwungener Pfad aus Bronze-Blöcken im Kopfsteinpflaster.

Diese Oase zwischen Fußgängerzone und dem Schwabinger Autogehupe erinnert daran, dass die Stadt hier einmal zu Ende war. Verantwortlich für den Odeonsplatz und die angeschlossene Pracht-

Mit dem Siegestor endet Ludwigs Prachtstraße.

straße Richtung Norden ist Ludwig der Erste. Als Kronprinz wollte er eigentlich nur weg aus München, so sehr langweilte ihn die Stadt. Zur Zerstreuung ließ ihn sein Vater, Max der Erste, die Maxvorstadt gestalten.

König Ludwigs Visionen

Mit der **Ludwigstraße** 6 wollte er endlich eine repräsentative Straße zur Residenz schaffen, im Stil eines römischen Corsos oder einer florentinischen Monumentalstraße. Die Wirkung der Fassaden war ihm dabei weit wichtiger als die Funktion der Gebäude dahinter. Diese Kulissenstadt machte es allerdings schwer Mieter und Bauherren zu finden.

Ausgerechnet sein verhasster Schwager Eugène de Beauharnais war einer der ersten, die Interesse zeigten. Ludwig warnte seinen Achitekten Leo von Klenze. »Ich will und will und will nicht, dass sich der Franzose hier niederlässt und wenn es doch geschieht, so haben Sie es mit mir auf ewig verschüttet.« Als de Beauharnais 1816 trotzdem als erster eine Baustelle bekam für seinen Leuchtenberg-Palast (heute das Finanzministerium) – nach Vorbild des Palazzo Farnese in Rom – überwarf sich Ludwig mit Klenze und ließ den Konkurrenten Friedrich von Gärtner weiterbauen.

Ludwigs Untertanen schüttelten den Kopf über diese Straße, die vom Odeonsplatz aus genau tausend Meter ins Nirgendwo führte. Das ferne Dorf Schwabing im Norden interessierte wenig und Heinrich Heine spöttelte: »München ist ein Dorf, in dem Paläste stehen.« Keiner außer Ludwig konnte sich vorstellen, dass sich die Stadt in absehbarer Zeit um eine solche Strecke ausdehnen würde.

→ UM DIE ECKE

Nachdem Max der Zweite die **Maximilianstraße** 9 bauen ließ, soll sein Vater geschimpft haben: »Ekelhaft, ekelhaft, ekelhaft!« Ironischerweise gilt die Straße heute als Luxus-Shoppingmeile und ist vor allem bei den Touristinnen aus Saudi-Arabien und Russland beliebt. An ihrem Ursprung befindet sich der Max-Joseph-Platz mit dem **Nationaltheater** 1, Spielort der **Bayerischen Staatsoper.** Die Münchner sind dermaßen selbstbewusste Operngäste, dass sie sich sogar trauen lautstark zu buhen, wenn es nicht gefällt (www.staatsoper.de).

G GLÜCK

Besonders die Studenten machten sich lustig über Ludwigs Allüren und seine exzentrische Geliebte, die Tänzerin Lola Montez. Stinkewütend ließ der Monarch die Universität schließen. Als Protest heftete ein junger Student eine Schmähschrift an die Pforte der Residenz. Daraufhin setzte der König eine Belohnung aus. Als der Student vorgeführt wurde, begnadigte der Monarch ihn aber nicht nur, sondern ließ ihm auch noch die Belohnung auszahlen. Völlig fertig taumelte der junge Mann ins Freie, stützte sich an einer **Löwenschnauze** ab, in der Hand den Sack mit Geld. Seitdem glauben die Münchner: Wer die Schnauze streichelt, den wird das Leben belohnen.

5

Kulturschock – im Kunstareal

Die gute Nachricht: Münchens wichtigste Kunstsammlungen befinden sich in Laufweite zueinander, nämlich rund um den Königsplatz. Die schlechte Nachricht: Perfektionisten müssen sich von dem Gedanken verabschieden ›Alles‹ sehen zu wollen.

Zwar lassen sich nirgendwo sonst 5000 Jahre Kulturgeschichte in solch unmittelbarer Nähe erleben. Aber es sind immerhin 18 Museen, 40 Galerien, Auktionshäuser, Buchhandlungen und Hochschulen, die das Kunstareal bilden. Für den architektonischen Zeitraffer muss man nicht mal Eintritt zahlen: Ein kleiner Spaziergang führt vom **Königsplatz** 1 vorbei an klassizistischen Bauten und Fassaden der Neorenaissance zu den modernsten Gebäuden, die München zu bieten hat.

Das klingt anstrengend, aber weil Kultur und Genuss so gut zusammenpassen, ist der erste Eindruck

Monumentaler Kinosaal: An warmen Sommerabenden gehört der Königsplatz den Münchner Filmfans.

vor allem in lauen Sommernächten ein extrem entspannter. Im Gras und auf den sonnenwarmen Stufen vor der **Glyptothek** 2 sitzen Cliquen mit Weinflaschen, wenn der Rest der Stadt schon im Schatten liegt.

Schwer vorzustellen ist es an solchen Abenden, dass der Königsplatz schon ganz andere Zeiten gesehen hat: So sehr er heute für Münchens Hochkultur steht, zeigte sich hier einmal, wie der Stadt jede Kultur verloren gegangen war.

Propagandaplatz

Hitler hatte den Platz früh im Fokus, ihn faszinierte die klassizistische Architektur – nebenan in der **Brienner Straße** 3 befand sich bereits vor der Machtergreifung die Parteizentrale der NSDAP. Im Mai 1933 loderte auf dem Königsplatz ein Scheiterhaufen, Flammen züngelten um die Bücher von Autoren wie Erich Kästner oder Kurt Tucholsky. Später verlegten die Nazis hier Granitplatten für ihre Aufmärsche. In der nahen Arcisstraße wurde 1937 der ›Führerbau‹ eröffnet – heute befindet sich darin die Hochschule für Musik und Theater.

Nach Kriegsende wurde die zerbombte Fläche als Parkplatz genutzt. Erst gegen Ende der Achtziger begann man, den Königsplatz wieder in die Erscheinungsform des 19. Jh. zu bringen.

Schon damals wollte München sich als Kunsthauptstadt profilieren, beziehungsweise König Ludwig sich als Mann von Geschmack. Während die Ludwigstraße Rom und Florenz zum Vorbild hatte, stand ihm hier die Akropolis von Athen Modell. Als der Preußenkönig mit dem heutigen Alten Museum in Berlin einen Geniestreich landete, musste Ludwig nachziehen. 1836 eröffnete er die **Alte Pinakothek** 4 nach Plänen von Leo von Klenze. Damit war ein Wettstreit um den Titel als führende Museumsstadt auf deutschem Boden eingeläutet, der bis heute anhält.

Mit der Zeit gehen

Wer es gut gebaut und klassisch mag, der findet in der Glyptothek alt-griechische und römische Statuen. Passend dazu gibt es gegenüber in der **Staatlichen Antikensammlung** 5 Schmuck und Vasen.

Spannender aber ist das **Lenbachhaus** 6 um die Ecke. Lenbach galt Ende des 19. Jh. als König der Maler und als solcher wollte er sich einen Palast

G
GRAF

Am 10. Mai 1933 gingen bei strömendem Regen am Königsplatz kurz vor Mitternacht die Bücher der besten deutschen Dichter und Schriftsteller in Flammen auf. Darunter Werke von Bertolt Brecht, Lion Feuchtwanger, Erich Kästner, Anna Seghers, Kurt Tucholsky. Ausgerechnet **Oskar Maria Graf** aber hatten die Nazis übersehen oder als harmlosen Heimatdichter abgetan. Empört verlangte der aufrechte Linke in einem Aufruf: »Verbrennt mich! (...) Nach meinem ganzen Leben und nach meinem ganzen Schreiben habe ich das Recht, zu verlangen, dass meine Bücher (...) nicht in die blutigen Hände und die verdorbenen Hirne der braunen Mordbande gelangen...« Erst ein Jahr später wurden seine Bücher nachträglich verbrannt und in Deutschland verboten.

► LESESTOFF

Endlich hat sich mal jemand die Mühe gemacht, die geballte Fülle an Kunst und Architektur zwischen Buchdeckel zu packen. Der Titel **Kunstareal München** kommt sogar mit Pausen-Programm. Kaija Voss: Kunstareal München, München Verlag, 19,99 €.

Die Pinakothek der Moderne vereint vier eigenständige Museen unter ihrem Dach und ist eines der weltweit größten Museen für die bildenden Künste des 20. und 21. Jh.

Ü
ÜBRIGENS

Wie alle staatlichen Museen verlangt auch die **Pinakothek der Moderne** an Sonntagen einen ermäßigten Eintrittspreis von nur **1 €.** Am Sonntag kann es deshalb vor allem am Nachmittag sehr voll werden, wogegen man an Werktagen die Räume beinahe ganz für sich hat.

erlauben, der alle anderen aussticht. Lange gehörte der Bau den Meisterwerken der Künstlergruppe »Blauer Reiter«. Seit der Erweiterung mit einem goldenen Kubus ist Platz für mehr: bekannte Lichtkünstler, Installationen von Joseph Beuys und andere herausragende Kunst des 20. Jh.

Übereifrige könnten jetzt in der **Sammlung Ägyptischer Kunst** 7 nebenan in eine Welt zwischen Tempeln und Königsgräbern abtauchen. Aber wir springen schon zwischen den Epochen wie ein Flipperball, da müssen es nicht noch Kontinente sein:

An der Technischen Universität vorbei geht es zu Rembrandt und Co. hinter den dicken Mauern der Alten Pinakothek. Mit mehr als 700 Werken aus der europäischen Malerei des 14. bis 19. Jh., gehört sie zu den bedeutendsten Gemäldegalerien weltweit. In der Südfassade sind die Wunden des Krieges noch deutlich erkennbar.

Wie der Name vermuten lässt, geht es in der **Neuen Pinakothek** 8 gegenüber weiter mit Gemälden und Skulpturen aus der Zeit der Aufklärung bis zum Anbruch der Moderne. Cézanne, Goya, Gauguin, van Gogh, Rodin… Ihnen ist ein wenig schwindlig? Das könnte am Input liegen, oder an der smarten Innengestaltung: Der Besucher folgt einer natürlichen Spiralbewegung durch die Epochen. Wenn man wieder ausgespuckt wird, ist man eine Acht auf unterschiedlichen Niveaus quer durchs Gebäude gelaufen.

Einen weiteren Zeitsprung, aber auch architektonisch eine Erfrischung bietet schließlich die **Pinakothek der Moderne** 9. Sie vereint gleich vier Museen unter einem Dach. Graphik, Architektur, Moderne Kunst und – besonders sehenswert für Menschen, die gern in der Ästhetik des Alltags schwelgen: das internationale Design-Museum mit Turnschuhen, Schmuck, Stühlen, Karosserien und anderen zeitlosen Schönheiten. Untergebracht ist das Ganze in einem hochmodernen Komplex, dessen Herzstück die Rotunde mit ihrer imposanten Lichtkuppel bildet.

Apropos. Normalerweise besucht man ein Museum ja vor allem wegen seiner Innereien. Im Falle des **Museum Brandhorst** 10 nicht unbedingt. Der Bau sticht mit seiner faszinierenden Fassade selbst Banausen sofort ins Auge. Aus 36 000 Keramikstäben in 23 Farben setzt sich die Verschalung zusammen und wirkt dabei selbst wie ein abstraktes Gemälde.

INFOS/ÖFFNUNGSZEITEN

Glyptothek 2: Königsplatz 3, www.antike-am-koenigsplatz.mwn.de, Di/Mi und Fr/So 10–17, Do 10–20 Uhr
Alte Pinakothek 4: Barer Str. 27, www.pinakothek.de, Mi–So 10–18, Di 10–20 Uhr
Staatliche Antikensammlung 5: Königsplatz 1, www.antike-am-koenigsplatz.mwn.de, Di und Do–So 10–17, Mi 10–20 Uhr
Lenbachhaus 6: Luisenstr. 33, Di 10–20, Mi–So 10–18 Uhr, Mo geschl.
Ägyptisches Museum 7: Gabelsbergerstr. 35, Di 10–20, Mi–So 10–18 Uhr
Neue Pinakothek 8: Barer Str. 29, Do–Mo 10–18, Mi 10–20 Uhr
Pinakothek der Moderne 9: Barer Str. 40, tgl. 10–18, Do 10–20 Uhr, Mo geschl.
Museum Brandhorst 10: Theresienstr. 35a, www.museum-brandhorst.de, Di–So 10–18, Do 10–20 Uhr

KULINARISCHES FÜR ZWISCHENDRIN

Café Vorhoelzer 1: Arcisstraße 21, Haupteingang TUM, Gang links, Fahrstuhl am Ende des Gangs in den 5. Stock, 16.6.–1.8., So–Fr 9–22, Sa 9–23 Uhr

Cityplan: C/D 3–5 | **U-Bahn** Königsplatz, Theresienstraße, **Tram** 27, 28, N27

Wobei sich der Farbton mit jedem Schritt zu ändern scheint und sich schließlich in seine Komponenten auflöst. Je nach Blickwinkel wirkt der Kastenbau dadurch mal massiv, mal beinahe fragil. Drinnen geht's abwechslungsreich weiter mit Andy Warhol, Damien Hirst, Picasso oder Cy Twombly.

Den Horizont derart geöffnet, sehnen Sie sich nun vielleicht nach Weitblick – die Bar auf der Dachterrasse der Technischen Universität nebenan ist zwar schon lange kein Geheimtipp mehr, aber diesen Status hat das **Café Vorhoelzer** 1 zu Recht verloren: Mit dem Sonnenuntergang über München können nicht viele Kunstwerke mithalten.

Durch die spezielle Konstruktion der Außenfassade gelangt ein Maximum an Tageslicht ins Innere des Museums Brandhorst.

UM DIE ECKE

Das angeblich beste Eis der Stadt gibt es in der **Eisdiele Ballabeni** 2 an der Ecke Türkenstraße/Theresienstraße.

Um die Erinnerung wachzuhalten, wurde 2015 am Königsplatz das **NS-Dokumentationszentrum** 11 eröffnet – ein Lernort zur NS-Geschichte und ihren Nachwirkungen in München (www.ns-dokuzentrum-muenchen.de).

6

Kontrastprogramm – in Schwabing

Schwabing, das klingt heute wie ein Mythos, wie ein unerhörtes Gerücht, das über die breite Leopoldstraße wabert. Was Schwabing nicht schon alles versprochen hat! Königlichen Größenwahn, Freigeist, Kultur, Widerstand, Revolte, Disko – Schickimicki. Kein Wunder, dass heute viele nicht wissen, was von Münchens prominentestem Viertel zu halten ist.

War es einmal, oder ist es gerade wieder ein Künstlerquartier – oder gar Szene-Kiez? Aber was machen dann die Jura-Mädchen mit den rosa Blüschen hier – oder die Porsche-Fahrer? Trotz alledem, Schwabing bleibt das Epizentrum der Studenten, an Kneipen und Cafés mangelt es nicht, und an vielen Ecken begegnet einem die unkonventionelle Aura vergangener Zeiten noch.

Der Elisabethmarkt ist sozusagen die kleine, familiäre Schwester des touristischen ›Aushängeschilds‹ Viktualienmarkt.

Um zu verstehen, was den Stadtteil einmal ausgemacht hat, muss man zum Ende des 19. Jh. zurückspulen, als die **Akademie der Bildenden Künste** 1 in die Maxvorstadt zog. So heißt das Viertel eigentlich – der Volksmund legte es irgendwann mit dem nördlich gelegenen Dorf zusammen. Den Studenten folgten bald die Dichter, Philosophen, Bohemians, Huren, Künstler, Gangster und jede Menge Spinner.

Der liberalste Ort Deutschlands

Einer der Hotspots war der **Alte Simpl** 1 in der Türkenstraße. Heute eine brave Kneipe, führten hier damals Kabarettisten wie Valentin und Ringelnatz ihre Mätzchen auf, trafen sich die Autoren der Zeitschrift Simplicissmus, um mit beißendem Witz das Establishment zu kritisieren, stellten Wortkünstler neue Texte vor.

Auch die Kulturzeitschrift Jugend hatte ihren Ursprung in Schwabing und gab der deutschen Variante des Art Nouveau, dem Jugendstil, seinen Namen. Dessen üppig dekorierte Paläste tupfen immer noch die Leopoldstraße, sind aber auch in ihren Seitenstraßen zu finden: In der Georgenstraße 10 steht beispielsweise das **Bissing-Palais** 2.

Mit den beiden Zeitschriften galt München als der liberalste Ort Deutschlands. Vor allem im Vergleich zum damals ultrakonservativen Berlin. Ja, richtig gehört! In Schwabing, dem Montmartre Münchens, erfand Kandinsky die abstrakte Kunst, schockte Franz Marc mt blauen Pferden, schrieb Thomas Mann seine Novellen. »Eine geistige Insel in der großen Welt«, nannte Kandinsky das Viertel.

Nationalsozialismus und Widerstand

Mit dem Ersten Weltkrieg fand die Schwabinger Bohème jedoch ein abruptes Ende. Bayern versank in übersteigertem Nationalismus und schließlich ernannte ein Amateurmaler München zur »Stadt der Deutschen Kunst«. Einige Akademieprofessoren unterstützten seine alles andere als inspirierte Sichtweise, nicht zuletzt mit der diffamierenden NS-Ausstellung »Entartete Kunst«.

Immerhin ein paar Studenten wollten sich die Zensur von Kunst und Gedanken nicht gefallen lassen. Vor dem Hauptgebäude der Ludwig-Maximilian-Universität, am **Geschwister-Scholl-Platz** 3

Ü ÜBRIGENS

Eine der ersten »Skandalnudeln« Schwabings war **Lola Montez,** die Geliebte von König Ludwig. Auch ihre Tanzkünste überzeugten das Publikum nicht. Von Känguru-artigen Sprüngen und Striptease-Einlagen wird berichtet und Architekt Klenze mokierte sich boshaft über den Zigarettengenuss der Montez. Wahrscheinlich überforderte vor allem ihr selbstbestimmtes Auftreten die damalige Männerwelt. Ihr Palais an der Barer Straße 19 wurde schließlich vom wütenden Mob gestürmt. (Ihr letzter Zigarettenstummel wird im Stadtmuseum ausgestellt.)

Elizabeth Rosanna Gilbert, bekannt als Lola Montez, wurde 1821 als Tochter eines schottischen Offiziers und einer irischen Landadeligen geboren.

Ja, in Schwabing gibt's nicht nur eine Kneip'n …

erinnern bronzene Flugblätter im Pflaster an den Widerstand der Studentengruppe Weiße Rose.

Ganz allein waren sie nicht, zuvor hatte der Schwabinger Kunstschreiner Georg Elser versucht, dem Nationalsozialismus ein Ende zu setzen: Er lebte in der Türkenstraße, als er versuchte Hitler im Haidhausener Bürgerbräukeller auszubomben. Die Münchner Freiheit in Altschwabing wiederum ist nach einer Widerstandsgruppe benannt, die in den letzten Kriegstagen dazu aufrief, endlich Schluss zu machen mit dem Blutvergießen.

Während des Wiederaufbaus waren sogar die Schwabinger zu erschöpft, um sich zu echauffieren. Bei der europaweiten Jugendrevolte in den Sechzigern jedoch, die sich gegen all das wirtschaftswunderliche Geprotze richtete, waren Schwabings Studenten ganz früh mit dabei.

Auch kulturell zeigte sich wieder Lust an der Gesellschaftskritik. Die »Münchner Lach- und Schießgesellschaft« gehörte zu den berühmtesten Kabaretts der Zeit nach dem Zweiten Weltkrieg und hat sich bis heute im Kneipenviertel um dem Wedekindplatz gehalten, wie die gesamte alteingesessene Privattheater-Garde:

Das **Rationaltheater** 1, heute auch eine Plattform für unkonventionelle Filme, DJs oder Poetry Slams. Münchner Urgestein Gerhard Polt inszeniert sich im **TamS** 2, das die Süddeutsche Zeitung mal ein »Welthinterhoftheater« nannte. Mehr Comedy gibt's im **Lustspielhaus** 3 – und schließlich ist im alten ›Drugstore‹ noch das **Heppel & Ettlich** 4 eingezogen, auf dessen Bühne schon Ex-Oberbürgermeister Ude gastierte.

Disco, Disco!

Ach ja, das Drugstore. Manche behaupten, damit begann Schwabings zweite wilde Hochphase. 1967 öffnete der Laden mit dem Flower-Power-Logo und einem Mix aus Brasserie, Club und Boutique dahinter und läutete eine neue Ära ein: Schwabing wurde Hippie-Hochburg und – kaum zu glauben – heißes Disco-Pflaster! Im Drugstore konnte man Mick Jagger, Liza Minnelli und Romy Schneider treffen.

Aber auch die Musicland Studios lockten allerhand Stars in die Stadt: die Rolling Stones, Led Zeppelin, Queen oder Deep Purple. Produzent

Ü ÜBRIGENS

Fairerweise muss man auch das **P1** 5 erwähnen, wenn man von Münchens Nachtleben spricht: Immerhin ist es der älteste Club Münchens. Im Ostflügel jenes Museums, das einmal Hitlers »Haus der Deutschen Kunst« war, richteten US-Soldaten 1948 ein Offizierscasino ein, in seinen Anfängen Treffpunkt der Jazzszene. Später Promi-Schwemme. Heute Geschmackssache.

INFOS/ÖFFNUNGSZEITEN

Rationaltheater 1: Hesseloherstr. 18, www.rationaltheater.de
TamS-Theater 2: Haimhauserstr. 13, www.tamstheater.de
Münchner Lustspielhaus 3: Occamstr. 8, www.lustspielhaus.de
Heppel & Ettlich 4: Feilitzschstr. 12, www.heppel-ettlich.de
SchauBurg 6: Franz-Joseph-Str. 47, www.schauburg.net
Gabriel Filmtheater 7: Dachauer Str. 16, www.neuesgabriel.de

KULINARISCHES FÜR ZWISCHENDRIN

Alter Simpl 1: Türkenstr. 57, www.eggerlokale.de, tgl. 9–1, Sa bis 2 Uhr
Schwabinger 7 2: Feilitzschstr. 15, www.schwabinger7.de, Mo–Do 21–4, Fr–Sa 21–5, So 21–2 Uhr
Im **Alles Wurscht** 3 gibt es nach eigenen Angaben »die beste Currywurscht südlich des Weißwurschtäquators«, mit Sicherheit aber bietet der bunte Mini-Biergarten die niedlichste Imbiss-Atmosphäre der Stadt (Nikolaiplatz 3, www.alles-wurscht.com, im Sommer Mo–Fr 11–20, im Winter Mo–Fr 11–15 Uhr, bei schönem Wetter auch mal länger).

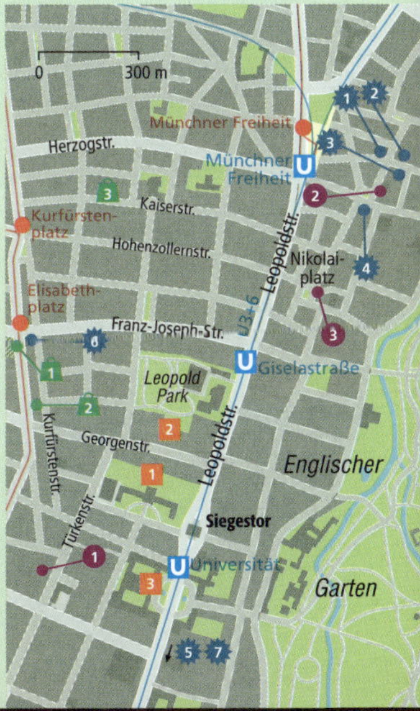

Cityplan: D–F 1–4 | **U-Bahn** Universität, Giselastraße, Münchner Freiheit, **Tram** 27, 28

Giorgio Moroder, der mit Nummern wie »What a Feeling« Filmmusikgeschichte schrieb, hatte es eingerichtet, und das Studio galt als das professionellste in ganz Europa. Apropos Film. Die Filmhochschul-Studenten gaben sich damals schon besonders lässig und trafen sich nachts im In-Klub »Die Klappe«.

Zu schwarzer Live-Musik tanzte man im Big Apple, wo Jimi Hendrix das erste Mal seine Gitarre zerdepperte. Landesweit berühmt war das Yellow Submarine, eine Disco auf drei Etagen und umgeben von 650 000 Liter Meerwasser mit Haien und Riesenschildkröten. Oder das Blow Up am Elisabethplatz, die erste deutsche Großraumdisko. Berüchtigt für Drogengeschichten und Farbeimer-Schlachten. Heute geht's hier ganz brav zu: mit der **SchauBurg** 6, einem renommierten Kinder- und Jugendtheater.

Die unausweichliche Nebenwirkung: Während Gastronomen erfolgreich auf die Nostalgiewelle setzten, das alte Schwabing verklärten und zugleich ausschlachteten, wandelte sich die Nachbarschaft zum Mode-Viertel für die Schickeria, was die Mietpreise in horrende Höhen trieb.

Ein letztes Aufbäumen gegen die Gentrifikation markierte 2011 der Protest gegen den Abriss der Kultkneipe **Schwabinger 7** 2. Das Lokal wurde nach dem Abbruch mit Teilen vom Mobiliar in der Feilitzschstraße 15 nebenan neu eröffnet.

Im Jahrestakt werden seitdem neue Stadtviertel als Szenetreff ausgerufen. Das einst berüchtigte Schwabing aber gilt nun eher als historischer Forschungsgegenstand.

Ü
ÜBRIGENS

Wahrscheinlich ist das **Neue Gabriel** 7 das älteste Lichtspielhaus der Welt – mit Sicherheit ist es das am längsten durchgehend bespielte Kino Münchens. Carl Gabriel war seiner Zeit voraus. Schon 1896 zeigte er die 100 Meter langen Streifen – etwa eine Viertelstunde Film – auf Jahrmärkten und in seinem Panoptikum in der Neuhauser Straße. Die Kurzfilme hatten damals so aufregende Titel wie »Ankommende Eisenbahn« (www.neuesgabriel.de, Dachauer Straße 16).

UM DIE ECKE

Die gemütliche Miniversion des Viktualienmarkts findet man am **Elisabethplatz** 1.
Glamour statt Schmuddel-Image: Das **Ladies First** 2 ist Deutschlands erster Sexshop für Frauen. Männer haben nur dienstags Zutritt und nur in weiblicher Begleitung (Kurfürstenstr. 23, www.ladiesfirst.de).
Wer's gern licht mag: Lampenkünstler **Ingo Maurer** hat nicht nur seinen **Showroom** 3 in der Kaiserstraße 47, sondern auch die kobaltblaue Wandbeleuchtung in der U-Bahn-Station Münchner Freiheit gestaltet.

Münchner Freiheit – der Englische Garten

#7

Der Englische Garten hat zwei Gesichter – und beide haben ihren Reiz. Der Südteil ist eher was für Philanthropen: Großstädter plus gewaltige Grünfläche? Das ergibt: Jam Sessions, Slacklines, Ultimate Frisbee, Geburtstagspartys, Capoeira, erste Dates, Picknicks und so weiter! Im Sommer meint man, hier hat der Münchner Ali Mitgutsch die Inspiration für seine Wimmelbilderbücher her …

An heißen Tagen erinnern die Uferbänder des Schwabinger Bachs im südlichen Teil des Englischen Gartens beinahe an Rimini. Der Nordteil dagegen ist verträumt mit wilden Wiesen – und ein Ausflug fühlt sich an wie eine echte Landpartie. Vor allem wenn man auf die Schafherde trifft. Vom Geräuschteppich im Süden, dem Getrommel, den Gitarrenspielern und der Blasmusik vom Biergarten am Chinesischen Turm ist hier nichts mehr zu hören. Die Ruhe zieht stattdessen Yogis und Meditierende an.

Im Südteil – in etwa das Areal von der Prinzregentenstraße bis zum Mittleren Ring – pulsiert das urbane Freizeit-Leben.

Wie so viele Bauwerke in München stammt auch der Monopteros aus der Feder Leo von Klenzes, auf Geheiß von König Ludwig I. Im Jahr seiner Fertigstellung, 1836, konnten weder Klenze noch Ludwig erahnen, dass rund 140 Jahre später auf der zwischen Monopteros und Japanischem Teehaus gelegenen Schönfeldwiese regelmäßig Anhänger der Freikörperkultur ihre Freizeit genießen würden.

Was den Englischen Garten so erfrischend macht, ist nicht nur der Eisbach, sondern vor allem der Eindruck, dass es hier keine Benimmregeln gibt. Selbst die Polizisten, die zur Streife auf ihren Pferden umherspazieren, wirken, als ob sie nur vergessen haben, nach Feierabend die Uniform auszuziehen.

Und dann die berühmt-berüchtigten Nackedeis! Soo viele gibt's davon zwar gar nicht, aber der Ruf der exhibitionistischen Münchner echot in jedem Sommerloch wieder durch die internationale Presse.

Im Winter dagegen liegt der ganze Park romantisch ruhig. Dann ziehen sich durch den Nordteil Langlaufloipen und der Hügel, auf dem der **Monopteros** 1 steht, verwandelt sich in einen Schlittenberg für die Kleinsten.

Zeitkapsel

Egal, von welcher Seite man sich dem Englischen Garten nähert, für ein paar Stunden wird er seine Besucher schlucken.

Auf jeden Fall sollte man den Zugang am **Haus der Kunst** 2 einbauen: Das lässt sich dann je nach Tageszeit mit einer Ausstellung oder einem Absacker plus Pingpong-Spiel in der **Goldenen Bar** 1 verbinden. Die ebenfalls am Haus der Kunst befindliche Disko P1 sei hier ignoriert. Nicht verpassen sollten Sie dagegen eine andere Münchner Institution: Die stehende Welle am **Eisbach** 3.

Vom Bürgersteig der Prinzregentenstraße könnte man den Surfern wunderbar auf den Kopf spucken, stattdessen erstarrt man in Bewunderung. Das schnell fließende Stauwasser der Isar prescht unter dem Brückengeländer hervor und bricht sich an einer Steinstufe. Auf der Welle machen die Surfer sogar im Winter ihre eng abgezirkelten Turns – viel Platz ist nämlich nicht zwischen den Ufermauern.

Wer jetzt schon eine Stärkung braucht, bekommt bei **Fräulein Grüneis** 1 sein Bio-Wurstbrot oder ein Spezi. Der Kiosk war mal ein Toilettenhäuschen, über der Theke steht noch »Frauen«.

Nach ein paar Minuten am Eisbach entlang, taucht rechts der Monopteros auf, während linker Hand – wo der Tierärztlichen Fakultät dezenter Zoogeruch entfleucht – das **Milchhäusl** 2 wartet. Die einstige Abgabestelle für Milch und Brot an hungrige Münchener existiert schon seit mehr als hundert Jahren. Heute gehört zum Kiosk ein Bio-Biergarten. Ungeduldige können jetzt nach Westen ins Univiertel ausbrechen, Flaneure zieht es weiter Richtung Osten: zum **Chinesischen Turm** 4.

Auch wenn Sie bisher nicht mal ein Drittel des Parks gesehen haben, können Sie sich seine Ausmaße nun schon vorstellen. Wie München zu diesem ausuferndem Nächsterholungsgebiet kam, wissen übrigens auch viele Locals nicht: Den meisten schwant zwar, dass der Englische Garten von Kurfürst Karl Theodor angelegt wurde, aber der eigentliche Menschenfreund war der Physiker und Erfinder Sir Benjamin Thompson, heute besser bekannt als Graf Rumford.

Mit 7000 Sitzen ist der Biergarten am Chinesischen Turm der zweitgrößte Münchens, gleich nach dem Hirschgarten.

Ein Visionär aus Boston

Als es den Amerikaner zufällig in den Dunstkreis des Kurfürsten verschlug, war die Stadt hoch verschuldet und platzte beinahe aus den Burgmauern. Gut ein Drittel der Bürger bettelte um ihr Brot. München muss dem weit gereisten Sir Thompson

INFOS/ÖFFNUNGSZEITEN

Haus der Kunst 2: Prinzregentenstr. 1, www.hausderkunst.de, Mo–So 10–20, Do 10–22 Uhr
Chinesischer Turm 4: Englischer Garten 3, www.chinaturm.de, Biergarten 10–23 Uhr

KULINARISCHES FÜR ZWISCHENDRIN

Fräulein Grüneis 1: Lerchenfeldstr. 1a, www.fraeulein-grueneis.de, Mo–Fr ab 8, Sa–So ab 10 Uhr (jeweils bis kurz nach Einbruch der Dunkelheit)
Deftige Öko-Snacks gibt's im **Milchhäusl** 2, einem Kiosk mit kleinem Biergarten, winziger Gaststube und im Winter den beliebten Retro-Skigondeln draußen (Königinstr. 6, www.milchhaeusl.de, tgl. 10–18 Uhr).
Mini-Hofbräuhaus 3: Gyßlingstr. 59, www.minihofbraeuhaus.de, 9–23 Uhr

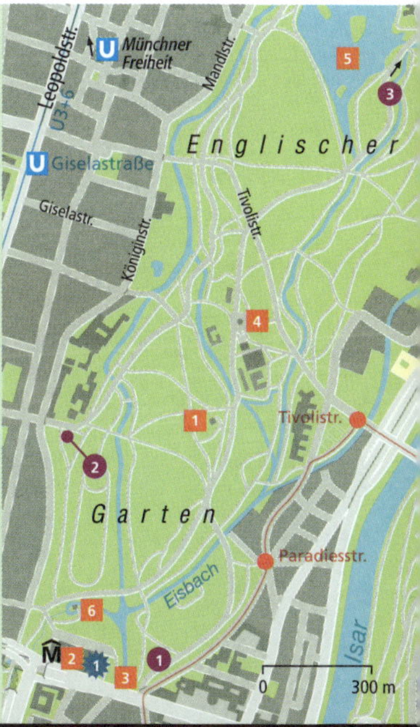

Cityplan: F–H 1–6 | U-Bahn Universität, Tram 18, 38

als dunkelste Provinz erschienen sein. Von aufklärerischem Geist keine Spur.

Beauftragt mit der Armeereform, ließ er Garnisons-Gärten anlegen, um die Lebensmittelversorgung zu verbessern, und Armenhäuser errichten.

Nach seinem Vorschlag orderte der Kurfürst 1789 an, das Gebiet östlich der Militärgärten in einen Volkspark »zur allgemeinen Ergötzung« umzuwandeln. Anfänglich wurde der Landschaftsgarten im englischen Stil »Theodors Park« genannt. Da der Kurfürst äußerst unbeliebt war, hieß er bei den Münchnern aber bald nur noch Englischer Garten.

Während man damals noch einen herrlichen Weitblick von der Aussichtsplattform des Chinesischen Turms hatte, muss man heute schon laufen, wenn man den **Kleinhesseloher See** 5 sehen will. Hier wird nicht geschwommen, sondern in Slowmotion übers Wasser gerudert. Im Wirtshaus mit Seeblick ist alles etwas teurer, auch die Kleidung des Publikums.

Wer sich noch weiter in den Norden vorwagt, wird nicht nur mit idyllischer Landschaft und dem Rest des 78-Kilometer-Wege-Netz belohnt, sondern auch mit einem Kuriosum: dem **Mini-Hofbräuhaus** 3 – ein Hundebiergarten, den ihre Herrchen bei jedem Wetter in Beschlag nehmen.

B
BIBER

Derzeit gibt es im Park drei **Biber-Bauten:** einen im Kleinhesseloher See, zwei weitere im Schwammerlweiher im Nordteil. Biber sind seit 2015 wieder auf dem Vormarsch in Bayern. Hin und wieder schlappen sie einem in der Dämmerung auch mal im Südteil über den Weg.

T
TRACHT

Ein Geheimtipp ist er leider längst nicht mehr, der **Kocherlball** am Chinesischen Turm. Der Trachtenball geht zurück auf eine Tradition Münchner Hausangestellter, die sich vor der Arbeit zum Tanz trafen. Trotzdem eine gute Gelegenheit, um vor der Wiesn schon mal zu testen, ob das Dirndl noch passt. Findet an einem Sonntag im Juli zwischen 6 und 10 Uhr morgens statt.

UM DIE ECKE

Die **Goldene Bar** 1 auf der weitläufigen Terrasse hinter dem Haus der Kunst wirkt manchmal so, wie sie klingt: etwas prätentiös. Doch am Sonntagabend treffen hier Eisbach-Surfer auf Anzugträger, um sich durch die umfangreiche Cocktail-Karte zu trinken. Außerdem wird gegrillt, Tischtennis gespielt, gekickert und ein bisschen mit dem Fuß gewippt, zum Sommer-Sound angesagter DJs (Prinzregentenstraße 1, www.goldenebar.de, Mo–Sa 10–2, So 10–20 Uhr).

Gleich hinter dem Haus der Kunst steht auf einer kleinen Insel das **Japanische Teehaus** 6. Von April bis Oktober findet dort an jedem zweiten Wochenende im Monat eine Teezeremonie statt (www.urasenke-muenchen.de).

Für Liebhaber der Videokunst ein Highlight: Die **Sammlung Götz** im Bunker vom Haus der Kunst. Do 10–22, Fr–So 10–20 Uhr.

Himmel für Hipster – **Glockenbach und Gärtnerplatz**

#8

Es gibt eine Schlange, in die sich auch grantelnde Münchner klaglos einreihen. Denn wenn man das erste Mal im Jahr vor dem Reichenbachkiosk für zwei Biere ansteht, überkommt einen dieses Freibadgefühl.

Hier spürt man: Dieser Sommer wird wieder einer von der besten Sorte. Vor allem, wenn man das Privileg genießt, ihn im Bermudadreieck **Isarstrand** 1 – **Reichenbachkiosk** 1 – **Gärtnerplatz** 2 zu verbringen. Strand, Bars, Leute mit der gleichen Einstellung – Letzteres schnell an den Sneakers abgecheckt. Die passenden Klamotten bekommt man hier natürlich auch.

Einziges Problem, genau solche Liebeserklärungen sind ein Grund dafür, dass viele die Glockenbach-Gärtnerplatz-Kombi für das einzige erträgliche Wohnviertel halten. Das schlimme G-Wort pfeifen

Gerade die kleinen Lädchen mit eigenem Flair und kuriosem Sortiment – wie hier der »Delikatessen«-Laden – machen das Glockenbachviertel aus.

Die Auswahl an Restaurants und Cafés im Glockenbachviertel ist riesig – hier gibt es für jeden Geschmack und jede Ernährungsweise die passende Location.

Ü ÜBRIGENS

Die **Glockenbachwerkstatt** 6 oder ›Glocke‹ ist eigentlich ›nur‹ ein Bürgertreff, aber wenn die Bewohner so kreativ, jung und feierfreudig sind wie hier, wird eben auch ein Bürgerhaus zur alternativen Ausgeh-Location: Zwischen Café, Bar und Künstlerwerkstatt finden Konzerte, Filmabende, Open Mike Nights, Kleidertausch-Parties und DJ-Nächte statt (www.glockenbachwerkstatt.de, Blumenstraße 7).

die Spatzen hier schon lange von den Dächern: »GENTRIFIKATION!« Oder wie der Frontmann von Moop Mama zum Blechbläser-Beat rappt: »Jeder merkt: Es geht gar nicht um's Wohnraum schaffen / Sondern vielleicht manchen eher um's Kohle machen. München ist schön, wenn du reich bist und Geld hast, geil / Doch such 'ne Wohnung als alleinerziehendes Elternteil!«

Die Glockenbachler fürchten, dass ihnen bereits blüht, was Schwabing schon hinter sich hat. Immerhin hat das Viertel soziologisch eine ähnlich bunte Entwicklung hinter sich: der beste Nährboden für nette Cafés, Boutiquen, Ateliers und angesagte Clubs zwar – aber dann auch für Immobilienhaie.

In vorindustriellen Zeiten war die Isarvorstadt als Wohngegend dagegen völlig uninteressant. Das Viertel war von Bächen durchzogen, die von Betrieben und Mühlen als Wasser- oder Kraftspender genutzt wurden. »Venedig des Nordens« hieß es deswegen. Das Gewerbegebiet war aber auch in ständiger Gefahr von der damals noch nicht gezähmten Isar überflutet zu werden.

Später zog das Viertel russische und polnische Juden aus dem Osten an, die den Pogromen in ihrer Heimat entflohen waren und ihr Glück in der ansässigen Leder- und Textilindustrie suchten. Ausgerechnet im Herzen von Münchens Judenviertel baute Hitler 1921 die Parteizentrale der NSDAP auf. Später begann hier der Straßenterror der Nazis.

Schwulenviertel

Nach den Schrecken der NS-Zeit galt das Glockenbach der Nachkriegsgeneration bereits als Party-Hotspot. In den Sechzigern war es die Rock'n Roll- und Twist-Hochburg Münchens und man konnte von einer Kneipe zur anderen ziehen. Parallel entwickelte es sich zum Schwulenviertel. 1967 eröffnete mit dem **Ochsengarten** 1 die erste Lederbar Deutschlands. Frauen sind hinter den schwarz verklebten Scheiben heute noch unerwünscht.

In den Achtzigern zählte München sogar zu den vier schwulsten Metropolen der Welt. Lange Zeit allerdings war die Szene gezwungen gewesen, sich heimlich zu treffen. In öffentlichen Toiletten, ›Klappen‹ genannt. Wie das 1900 erbaute **Pissoir** 3 am Holzplatz, das heute unter Denkmalschutz steht.

Doch mit der Ausbreitung von AIDS geriet der Mikrokosmos rund um den Gärtnerplatz ins Wanken. Ein CSU-Politiker forderte Zwangstests, Meldepflicht und Isolation für Infizierte. Die weltweite Schwulenszene war geschockt

Nur einer hielt der Stadt an der Isar stets die Treue: Queen-Sänger Freddie Mercury. Er lebte zeitweilig in der **Hans-Sachs-Straße** 4 mit ihren Gründerzeitbauten und verkehrte in Lokalen wie dem **Pimpernel** 2. Dass der Club heute eher als ›Resterampe‹ fürs heterosexuelle Feiervolk gilt, ist einer der Gründe, wieso Münchens Schwule klagen, ihr Quartier ›verhetet‹. In roten Samtlogen findet im Discokugellicht zusammen, wer bis 3 Uhr morgens in anderen Clubs nicht erfolgreich war.

Die Müllerstraße kann mit einer beeindruckend hohen Kneipendichte aufwarten.

INFOS/ÖFFNUNGSZEITEN

Baader Café 1: Baaderstr. 47, So–Do 9.30–1, Fr–Sa 9.30–2 Uhr
Bergwolf 2: Fraunhoferstr. 17, Mo–Do 12–15 u. 18–2, Fr 12–15 u. 18–4, Sa 12–4, So 17–22 Uhr
Aroma Cafébar 3: Pestalozzistr. 24, Mo–Fr 7–22, Sa 9–22, So/Fei 9–20 Uhr
So Ham/In-Yoga-Studio 4: Buttermelcherstr. 11–15, Mo–Fr 10–21.30 Uhr
Kiosk Reichenbachbrücke 1: Fraunhoferstraße 46, tgl. 6–5 Uhr
Kauf Dich glücklich 2: Reichenbachstr. 14, Mo–Sa 10.30–20 Uhr
7. Himmel 3: Hans-Sachs-Straße 17, Mo–Fr 10–18, Sa 11–19 Uhr
Ochsengarten 1: Müllerstr. 47, Mo–Do 20–3, Fr–Sa open end, So 15–3 Uhr
Pimpernel 2: Müllerstr. 56, 22–6 Uhr
Holy Home 3: Reichenbachstr. 21, Mo–Do/So 18–1, Fr–Sa 18–3 Uhr
Trachtenvogl 4: Reichenbachstr. 47, 9–22 Uhr
Club Milla 5: Holzstraße 28, www.milla-club.de, geöffnet je nach Event

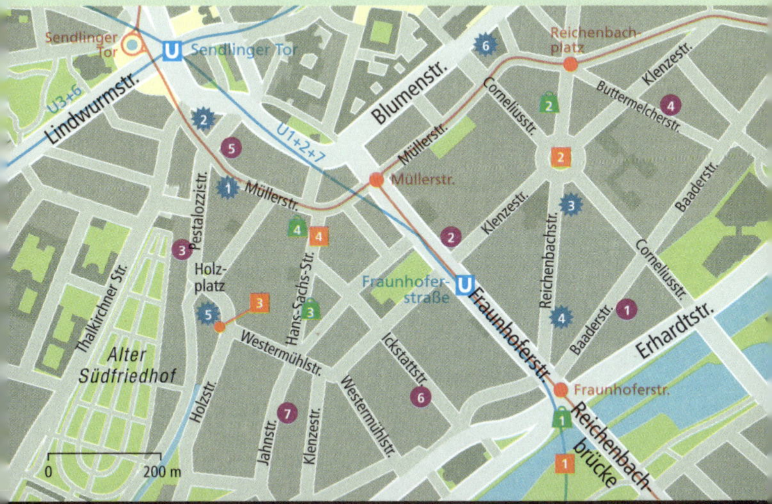

Cityplan: C–E 7/8 | **U-Bahn** Fraunhoferstraße, Sendlinger Tor, **Tram** 17

Immerhin: Mit der Gentrifizierung haben Hedonisten, Hipster und Homosexuelle einen gemeinsamen Gegner gefunden. Also nichts wie hin, solange das Leben hier noch gefeiert wird!

Die Concept Stores von Kauf Dich Glücklich sind mit ihrer großen Auswahl an Damenmode, Männermode, Wohnaccessoires, Naturkosmetik und Schmuck von kleineren Labels und aus eigener Herstellung der Hipster-Himmel auf Erden – ein Blick ins vielfältige Sortiment lohnt sich.

Strandgut spielen

Nach dem Isar-Bierchen unter der Reichenbachbrücke lässt man sich an den Gärtnerplatz treiben, der hauptsächlich aus einem gewaltigen Blumenbeet besteht. Im Gras gibt's noch ein Bier, das von Kleinstgewerblern aus der Plastiktüte verkauft wird.

Praktisch ist auch, dass das Rondell gern als Laufsteg genutzt wird. So weiß man schnell, was man am nächsten Morgen im **Kauf Dich Glücklich** 2 oder im **Siebten Himmel** 3 selbst anprobiert.

Dass sich das ganze Viertel schnell nach Wohnzimmer anfühlt, liegt auch an den Lokalen: Sei es die Kultkneipe **Holy Home** 3, die ihren Mietvertrag von Monat zu Monat verlängert, der gemütliche **Trachtenvogl** 4, in dem man sich auf Sofas fläzt, oder das in Würde gealterte **Baader-Café** 1 mit seiner linksintellektuellen Künstler-Attitüde.

Nach einem Konzert im Kellergewölbe des **Milla** 5 hilft einem der **Bergwolf** 2 mit seiner berüchtigten Currywurst zuverlässig aus der Kalorienmisere. Kopfweh und Pommesfett balanciert man wenige Stunden später in der **Aroma-Bar** 3 bei einem Prenzlauer Berg-Vollwert-Frühstück wieder aus. Wer sowieso längst über ein Leben mit Alkohol hinweg ist, der kann seine innere Mitte im Jivamukti Studio mit angeschlossener Yoga-Kantine, dem **So Ham** 4, austarieren.

UM DIE ECKE

Auch schön: die **Loretta-Bar** 5 in der Müllerstraße 50. Asiatisch, modern interpretiert, isst man abends in der **Kirschblüte** 6 (Ickstattstr. 26); mediterran, modern interpretiert, im heimeligen **Cooperativa** 7 (Jahnstr. 35).

Modische Völkerverständigung: Rahmée Wetterich und ihre Schwester stammen aus Kamerun. Für ihre Dirndl setzen die Designerinnen von **Noh Nee** 4 zwar auf einen klassischen Schnitt, aber die krachig bunt bedruckten Stoffe stammen aus ihrer Heimat. Eine Symbiose, die nicht nur gut aussieht, sondern auch Frauen in Afrika zugutekommt (Hans-Sachs-Str. 2, www.dirndlafricaine.com, Di–Fr 11–18.30, Sa 11–16 Uhr).

#9

Inselhopping – **rund ums Deutsche Museum**

Falls Sie noch nicht gemerkt haben sollten, dass München die Jahreszeiten anders zählt, dann ist es jetzt an der Zeit: Es gibt den Winter – und die Isar-Saison. Gewissermaßen ein Wurmloch, in das die Einheimischen zur Schneeschmelze fallen, um nur zur Wiesn kurz draus aufzutauchen. Wer nicht so viel Zeit hat, findet zwischen Corneliusbrücke und Maximiliansbrücke zwei Inseln – und die perfekte Balance zwischen Natur und Kultur.

Zwischenfrage: Wie sieht das Wetter gerade aus? Sonnig? Dann beginnen Sie am besten mit der **Praterinsel** 1. Sie liegt unter der mächtigen Maximiliansbrücke, die der gleichnamigen Straße über die Isar zum Landtag hilft.

Der Name täuscht nicht, tatsächlich war das erste Gebäude auf der Insel ein Gasthaus mit einem

Das Deutsche Museum ist nicht nur eine Ausstellung, sondern auch eine Spielwiese für die Besucher.

kleinen Karussell, das an den Wiener Vergnügungspark erinnern sollte. Später kam noch ein hölzerner Tanzpavillon dazu. Davor hatten Franziskanermönche das Eiland als Gemüsegarten genutzt – es lag damals noch außerhalb der Stadtmauern.

Mit der Bierhalle war das alkoholschwangere Schicksal der Insel gesetzt: Als der Wirt in Geldnöte geriet, verkaufte er das Pratergelände an den Likör-Fabrikanten Anton Riemerschmied, der seine Produktion auf die Insel verlagerte. Von ihm stammt das spätklassizistische Fabrik- und Arbeiterwohnhaus. Erst 1984 verlegte er die florierende Likörfabrik in die Peripherie und das idyllische Ensemble lag brach.

K
KUNST

Street-Art zum Anschauen, Kaufen und Mitmachen plus Livemusik und Party bietet die **Stroke Art Fair** im Mai auf der Praterinsel: www.strokeartfair.com
Die **ARTMUC** will eine Brücke zwischen Kunstmarkt und Förderung schlagen. Plattform für unbekannte Künstler aus Nah und Fern, im Juni auf der Praterinsel: www.artmuc.info
Handverlesenes von jungen Kreativen und Winzlabels auf dem **Stijl-Designmarkt** im Oktober auf der Praterinsel: www.stijlmarkt.de
Eine Woche lang Konzerte, Kunst, Kultur rund um die Isar kann man im Spätsommer auf dem **Isarinselfest** erleben: www.isarinselfest.de

Vergnüglich!

Längst sind die imposanten Gewölbehallen renoviert und werden seitdem als Event-Location betrieben. Neben allerhand Parties finden hier jährlich Kunst- und Jungdesigner-Messen statt. Ansonsten ist Beinehochlegen angesagt: Am **Praterstrand** 1 kann man bei Cocktails in Liegestühlen direkt am Wasser abhängen. (Wem das Publikum zu hemdskragig ist, der findet eine Brücke weiter am Vater-Rhein-Brunnen den »Kulturstrand«. Hier geht's etwas lässiger zu und es gibt auch Konzerte.)

Am schönsten aber ist die Praterinsel hinter dem **Alpinen Museum** 2, dort wo der **Kabelsteg** 3 ans Ostufer führt. Hier gibt es eine versteckte Bucht, eine Zunge aus Isarkies überschattet von Bäumen und mit Blick auf die schönste Brücke der Stadt: Ein schlanker flacher Betonbogen mit schmiedeeisernem Geländer im Jugendstil. Ach, das waren noch Zeiten, als man Stromversorgung so schön verpackte: Der Kabelsteg transportierte einmal die im Muffatwerk erzeugte Energie für die elektrische Straßenbahn über die Isar.

Auch das Stromkraftwerk selbst ist durchaus ansehnlich. Die Halle mit Schornstein im Jugendstil steht unter Denkmalschutz. Interessanter aber ist die heutige Nutzung des **Muffat-Geländes** 1: Biergarten, Konzerthalle, plus Dancehall-Club plus Electro-Club. Im Biergarten gibt es neben den Klassikern auch Öko-Spezialitäten.

Wenn es inzwischen zu tröpfeln begonnen hat, dann passt das Timing perfekt! Denn neben dem Muffat-Kombinat sitzt ein weiteres Jugendstil-Juwel: Das **Müllersche Volksbad** 2.

Vor über hundert Jahren gebaut, ist beinahe alles noch im Original erhalten und somit gilt es als eins der schönsten, ja als ›das Opernhaus unter den Bädern‹. Dabei war die großzügige Spende eines Münchner Ingenieurs dem ›unbemittelten‹ Volk gewidmet, den Arbeiterfamilien aus der Nachbarschaft, die zu Hause kein Badezimmer, geschweige denn fließend Wasser hatten. Deshalb gibt es hier auch Wannen und Brausebäder.

Neben Wandmalereien, Stuck und Holzbrüstungen gibt es noch zwei Hauptattraktionen: Das kleinere, ehemalige Damenbecken, das bei 30 Grad eher zum Plantschen einlädt, während im großen Herrenbecken die ambitionierten Schwimmer bei 27 Grad trainieren. Viele Gäste kommen auch wegen Dampfbad und Sauna. Nettes Detail: Zum ungestörten Ausruhen kann man sich eine der Retro-Kabinen mieten. Die Kaltbrause im Abkühlbereich ist ebenfalls original von 1901 und wird ›Eiserne Jungfrau‹ genannt. Das einzige, was abgeschafft wurde, ist das Hundebad im Keller. (Ja, ein Hundebad!)

Die Muffathalle war das erste Dampfheizkraftwerk in München. Der weithin sichtbare Schornstein, das Wahrzeichen der Halle, steht mittlerweile aufgrund der einmaligen Architektur unter Denkmalschutz, ebenso wie die Halle selbst.

Lehrreich!

Wer nach soviel Entspannung noch aufnahmefähig ist, verlässt das Festland wieder, diesmal gen

INFOS/ÖFFNUNGSZEITEN

Alpines Museum 2: Praterinsel 5, www.alpenverein.de, Di–So 10–18 Uhr
Deutsches Museum 5: Museumsinsel 1, www.deutsches-museum.de, tgl. 9–17 Uhr, 11 €
Museum Lichtspiele 2: Lilienstr. 2, www.museum-lichtspiele.de
Praterstrand 1: www.praterstrand.de, Mai bis Mitte September Mo–Fr ab 16, Sa–So ab 11 Uhr
Müllersches Volksbad 2: Rosenheimerstr. 1, Schwimmen tgl. 7.30–23, Sauna tgl. 9–23 Uhr

KULINARISCHES FÜR ZWISCHENDRIN

Münchens erster bio-zertifizierter Biergarten befindet sich auf dem **Muffat-Gelände** 1 (Zellstr. 4, www.muffatwerk.de/de/pages/biergarten, bei schönem Wetter tgl ab 12 Uhr).

Cityplan: E/F 6–8 | **S-Bahn** Isartor, **Tram** 16, 17, 18, N16

Das ›Opernhaus unter den Bädern‹ ist zum größten Teil original erhalten und steht daher unter Denkmalschutz. Wenn ein Nagel in die Wand geschlagen werden soll, muss ein Antrag gestellt werden – und wenn ein Wasserhahn kaputt geht, muss eine Spezialfirma beaufragt werden, die den Jugendstil-Wasserhahn originalgetreu nachbauen kann.

Museumsinsel 4 für Teil Zwei des Regenstundenprogramms. Wobei, es ist in in höchstem Maße unfair das **Deutsche Museum** 5 als Schlechtwetter-Alternative zu verkaufen. Immerhin ist es weltweit das führende Technikmuseum mit jährlich über 1,2 Millionen Besuchern.

Kein Wunder, hier schafft man es Physikalisches auch Nicht-Naturwissenschaftlern zu vermitteln und vor allem Kinder an der Stange zu halten. Der Trick: Anfassen! Knöpfe, Hebel, Schalter, die allerhand in Bewegung setzen. Bis es auch im Kopf klickt. Für die ganz Kleinen gibt es im Kinderreich eine Kraftmaschine, ein Wellenwasserwogenwehr, den Bauklotzplatz, das Schatten-Farben-Lichtspielhaus oder die Riesengitarre zum spielerischen Lernen.

Eine Kostprobe pro Besuch muss allerdings reichen, alle fünfzig Bereiche schafft man auch an mehreren Wochenenden nicht. Besonders beliebt ist die fast einen Kilometer lange Stollenwelt, die eine dunkle Bergbauanlage imitiert. Als Aushängeschild des Museums gilt der Faraday'sche Käfig, ›der sicherste Ort Münchens‹ in der Abteilung Starkstromtechnik: Dort demonstrieren mutige Mitarbeiter, was passiert, wenn eine Million Volt einen Blitzeinschlag simulieren. So viel sei verraten: Es knallt!

UM DIE ECKE

Gegenüber der Muffathalle liegen die **Museum Lichtspiele** 2. Hier wird seit über 40 Jahren die Verfilmung des Musicals The Rocky Horror Show gezeigt. Eigentlich hatte der Film damals einen schweren Start, aber eine eingefleischte Fangemeinde ebnete dem Travestie-Grusical den Weg zum Kultfilm. Hier wird jede Vorstellung mit Dr. Frank-N-Furter zur Party. Gäste verkleiden sich, gröhlen die Songs lautstark mit und bei einer Hochzeitsszene fliegt Reis über die Sitzreihen (www.museum-lichtspiele.de).

Auf der anderen (Isar-) Seite – **Haidhausen und Au**

10

Auf den ersten Blick wirkt alles ruhiger da drüben, am Ostufer der Isar. Kein Wunder, Haidhausen und die benachbarte Au wurden erst 1854 eingemeindet. Man könnte fast meinen, dass unter den Münchnern eine Hobbitgemeinde aus dem Auenland lebt.

Wenn man hier übers Kopfsteinpflaster der Nebenstraßen läuft, entdeckt man winzige Häuschen mit ebenso winzigen Gärten, die sich unter den sanierten Mietshäusern der Jahrhundertwende mit ihren herrschaftlichen Fassaden ducken. Aber was heute nach Puppenstube aussieht, erinnert keineswegs an eine ›Gute Alte Zeit‹: Die sog. Herbergshäuschen sind Überbleibsel großer Siedlungen für eine bettelarme Bevölkerung. Glasscherbenviertel nannte man Haidhausen noch bis in die 1970er hinein.

›An der Kreppe‹ findet man gut erhaltene ehemalige Herbergen der Tagelöhner Haidhausens.

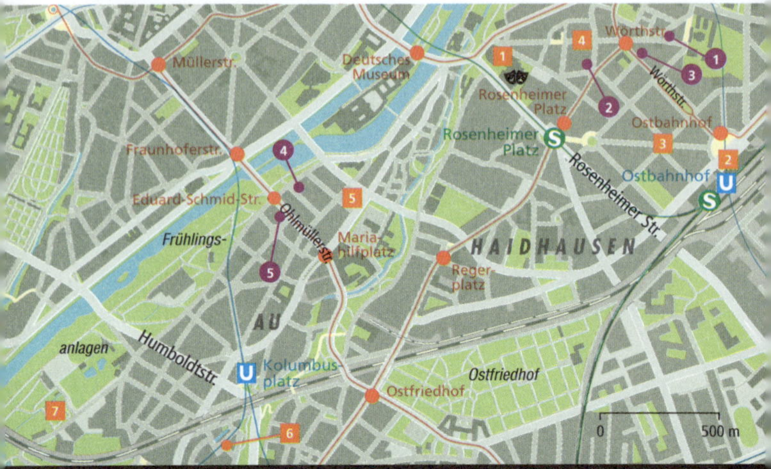

Cityplan: C–H 7–10 | **S-Bahn** Ostbahnhof, Rosenheimer Platz, **U-Bahn** Ostbahnhof, Kolumbusplatz, **Tram** 15, 16, 17, 18, 19, 25, N16, N18, N19, N27

INFOS/ÖFFNUNGSZEITEN

Preysinggarten ❶: Preysingstr. 69, Mo–So 9–1.30 Uhr
Maria Passagne ❷: Steinstr. 42, Mo–Do 19–1, Fr–Sa 19–1 Uhr
NoMiya ❸: Wörthstr. 7, tgl. 18–1 Uhr
Café Hüller ❹: Eduard-Schmid-Str. 8, Mo–Sa 11–23, So 11–22 Uhr
Schwarzer Hahn ❺: Ohlmüllerstr. 8, Mo–Mi 20–1, Do–Sa 20–3 Uhr
Kulturzentrum Gasteig 1: Rosenheimerstr. 5, www.gasteig.de, tgl. 8–23 Uhr
Rosengarten 7: Sachsenstr. 2, im Sommer Mo–Fr 7–21, Sa–So 9–21 Uhr, im Winter Mo–Fr 7–18, Sa–So 9–18 Uhr, Eintritt frei

Der Erich-Schulze-Brunnen am Gasteig hat die Form einer 7,5 m hohen Tuba.

Das ehemals verschlafene Bauerndorf war durch seine hochgelegene Position der ideale Belagerungspunkt für Münchens Feinde: **Am Gasteig** 1 (ein garcher/steiler Aufstieg), wo heute das beliebte Kulturzentrum mit Bibliothek und Konzertsaal sitzt, standen dann Kanonen. Die Haidhausener erwischte jeder Krieg besonders heftig.

Und all die Leute! Mit dem Ausbau der Salzstraße von Wien zuckelten bereits um 1300 täglich bis zu achtzig Fuhrwerke über die heutige Innere Wiener-, Kirchen- und Einsteinstraße Richtung Ludwigsbrücke. Von den Zollgeldern sahen die Haidhausener allerdings nichts, dafür wurde das Dorf zum Auffangbecken für Tagelöhner, deren Landflucht vor den Toren Münchens endete. Denn das Bürgerrecht musste man sich teuer erkaufen damals.

Immerhin, eine kostbare Ressource hatte Haidhausen: Lehm, aus dem Ziegel gebrannt wurden.

Nicht nur für die Stadthäuser, auch für die Frauenkirche und die Stadtmauer. Die Ziegeleien zogen Gastarbeiter bis aus Italien an, darunter viele Kinder, die oft 16 Stunden am Tag schufteten. Mit der Industrialisierung kamen rund um den heutigen **Ostbahnhof** 2 Fabriken dazu. Die Arbeiterfamilien hausten in winzigen dunklen Zimmern mit niedriger Decke und ohne Heizmöglichkeit. Die hygienischen Bedingungen waren furchtbar.

Der Weg zum Gutbürgertum

Um 1900 wurden zwar moderne Mietshäuser hochgezogen, aber das Arme-Leute-Image blieb. Da halfen auch die neuen französischen Straßennamen nichts. Erst nach einer umfangreichen Sanierung Ende der Siebziger entwickelte sich Haidhausen zum angesagten Pflaster und machte in den Achtzigern sogar dem guten alten Schwabing den Rang streitig. Während Letzteres zu jener Zeit eher durch das Kir-Royal- und Monaco-Franze-Klientel geprägt war, fanden rund um den **Pariser Platz** 3 Künstler und Alternative ihr Zuhause.

Trotz des Prenzlauer-Berg-Phänomens hat sich Haidhausen einen Funken der alternativen Denke bewahrt. Nicht nur in der pittoresken **Preysingstraße** 4. Mit ihrem Kopfsteinpflaster, den historischen Herbergshäusern wie dem alten Kriechbaumhof, in dem heute die Jugendgruppe des Alpenvereins zu Hause ist, fühlt man sich fast wie in einem kleinen Dorf irgendwo im Voralpenland.

Im **Preysinggarten** 1, einem Wirtshaus, in dem schon 1893 Handwerker und Tagelöhner ihren Humpen Bier getrunken haben, gibt es heute frisch gebackenen Kuchen aus der Bäckerei Chocolatte in der Wörthstraße, eine Rutsche und Platz zum Fußballspielen. In die letzten Herbergshäuser sind Kunsthandwerker eingezogen. An jeder Ecke

V
VALENTIN

Der bekannte Komiker **Karl Valentin** wuchs in der Au auf. Durch seine derben Streiche und Auseinandersetzungen mit der Gendarmerie handelte er sich den Spitznamen ›Der Schrecken der Au‹ ein. Zur Erholung vom harten Alltag suchten die Auer damals Ablenkung bei einfachen Theaterdarbietungen. Die Künstler spielten volkstümliche Musik, führten erbauliche oder gruselige Theaterszenen auf und sangen humoristische Lieder. Auch Karl Valentin begann seine künstlerische Karriere in der Tradition dieser Volkssänger. In vielen Stücken erzählte Valentin später von den kleinen Leuten aus der Au, Handwerkern, Lehrbuben und Hausfrauen in ihrem Kampf gegen arrogante Münchner Bürger.

Schatten spendende Bäume an einer verkehrsberuhigten, kopfsteingepflasterten Straße, daneben restaurierte alte Handwerkerhäuschen und eine Hütte, die nicht ohne Grund nach Alpenverein aussieht – die Preysingstraße bietet das perfekte Münchner Idyll.

Nostalgische Fahrgeschäfte, drei Kinderkarusselle, ein Kasperltheater und ein Flohzirkus – die Auer Dult ist ein bayerisches Volksfest, wie man es von früher kennt.

P
PUMUCKL

In Haidhausen war der **Pumuckl** zu Haus! Zumindest in der Fernsehserie. Wer sich für weitere Drehorte in München interessiert: Es gibt spezielle Stadtführungen für Kulissen-Fans (www.drehorte-muenchen.de).

finden sich Manufakturen für irgendwas, Bioläden und New Age-Buchhandlungen.

Aber sogar zwischen den aufgehübschten Altbauten können sich so schräge Lädchen wie das **Maria Passagne** 2 halten. Seit 25 Jahren behauptet sich der Club Privé nahezu unverändert mit seiner 50er-meets-Ethno-meets-Sissi-Porzellan-Deko in der Steinstraße. Eigeninitiative ist gefordert, um die Tür zu finden, klingeln muss man auch noch. Dass zu den Cocktails und der schrägen Kulisse ausgerechnet Sushi serviert wird, ist typisch Haidhausen.

Ebenso experimentierfreudig gibt man sich in der Wörthstraße, Haidhausens Bummelmeilchen mit netten Läden und Restaurants, die an Sommerabenden alle auf die Straße ziehen. Auch schon um die zwanzig Jahre macht hier das **NoMiya** 3 vom Schuster Ferdl von sich sprechen, ein echtes Haidhausener Original. Der Wirt singt nicht nur in der Bayerisch-Japanischen Kombo Coconami, sondern hat sich auch kulinarisch der Völkerverständigung verschrieben. Tatsächlich passen bayerische ›Tapas‹ ungeahnt gut zu japanischen Snacks.

Au weh? Au ja!

Die benachbarte Au hat es damals noch schlimmer erwischt als Haidhausen. Die Münchner hatten sogar Angst vor den Auern, hieß es doch, sie stehlen die Stadthunde, um sie zu mästen und zu essen! Arme, junge Kerle sahen nur eine Möglichkeit aus dem Sumpf rauszukommen: Sie heirateten Münchner Witwen, egal wie alt oder ›schiach‹, um das Wohnrecht intra muros zu erlangen.

Heute ist es andersrum: Bis auf sehr seltene Kellerüberschwemmungen lebt man äußerst bequem in der Au. Mit dem Isarstrand und dem Glockenbachviertel in Fußweite, aber trotzdem einer gewissen Ruhe. Die Ausgehmöglichkeiten sind nämlich eher überschaubar (wenn nicht gerade die **Auer Dult** 5 stattfindet). Im gemütlichen **Café Hüller** 4 gibt's Nachbarschaftsfeeling und manchmal kleine Konzerte, im **Schwarzen Hahn** 5 treffen sich die letzten Vertreter der Grunge-Szene.

Dafür eignet sich die Au hervorragend zum Spazierengehen. Auf dem Weg schaut man sich im Kleinvenedig an der **Mondstraße** 6 an, wie München aussah, bevor die Bäche trockengelegt wurden – oder schnuppert sich im **Rosengarten** 7 an der Sachsenstraße durch 8500 Rosenarten.

Szenenwechsel im Süden – **Giesing und Schlachthof**

\# 11

Im Ringelreihen der ewigen Frage, welches Viertel nach dem Glockenbach als nächstes in Betracht kommt, wenn man einen Klub oder eine Bar aufmachen will, stand Giesing lange im Fokus. Münchens Aschenputtel, immer schon ein rotes Arbeiterviertel mit schmutzigen Fenstern, deshalb günstige Mieten und vor allem: Isarnähe. Mehr braucht es eigentlich nicht, um die Phantasie der urbanen Nischensucher anzufachen.

Und sei es nur zur Zwischennutzung wie für das Kunst- und Kulturprojekt Puerto Giesing von Alternativ-Veranstalterin Zehra Spindler. Ein bisschen fühlte es sich an, als ob Feenstaub über der hässlichen Tegernseer Landstraße herabgeregnet sei, als sich das ehemalige Hertie-Kaufhaus plötzlich in The-Place-to-be verwandelte mit riesiger Lichtinstallation an der Fensterfassade, Partys, Kon-

Man mag es kaum glauben: Der Ursprung der deutschen Street-Art-Szene liegt nicht in Berlin, sondern in München.

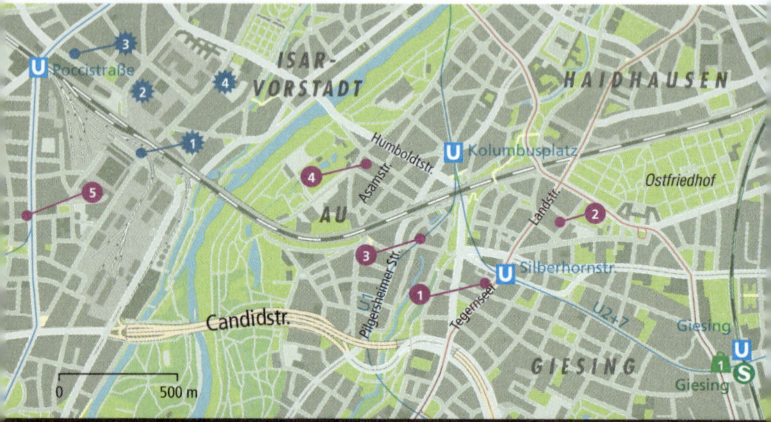

Cityplan: A–E 8–10 | **S-Bahn** Giesing, **U-Bahn** Poccistraße, Implerstraße, Kolumbusplatz, Silberhornstraße, **Tram** 15, 17, 25, N27

INFOS/ÖFFNUNGSZEITEN

Zur Gruam 1: Thalkirchner Str. 114, Fr–Sa 23–4 Uhr

Viehhof 2: Tumblingerstr. 29, www.viehhof-kino.de, (im Sommer) Mo–Do ab 18, Fr ab 16, Sa–So ab 14 Uhr

Substanz 3: Ruppertstr. 28, www.substanz-club.de, Mo–Do 20–2, Fr–Sa 20–3, So 20–2 Uhr

Südstadt 4: Thalkirchner Str. 29, www.suedstadt-muenchen.de, Mo–Do 18–1, Fr–Sa 20–3 Uhr

KULINARISCHES FÜR ZWISCHENDRIN

Schau Ma Moi 1: Tegernseer Landstr. 82, www.cafeschaumamoi.de, Mo–Fr 12–1, Sa von 20 Uhr bis spät nachts

Attentat Griechischer Salat 2: Zugspitzstr. 10, Mo–Sa 17.30–1, So 17.30–24 Uhr

Fiedler und Fuchs 3: Voßstr. 15, www.fiedlerundfuchs.de, tgl ab 11, So Brunch ab 10 Uhr

Charlie 4: Schyrenstr. 8, www.charl.ie, Mo–Sa 18–1, So 17–23 Uhr

zerten und der Nerd Nite. Während Macher und Events längst weitergezogen sind zur nächsten Zwischennutzung, ist der Glanz des Möglichen geblieben.

Genau den suchen die kleinen Grüppchen allerdings nicht, die man in Giesing oft angeheitert durch die Nacht streifen und an wenig einladende Türen klopfen sieht – ein schmales Bändchen in der Hand. Als Maximilian Bildhauer seinen ersten »Boazn-Führer« herausbrachte, rechnete er wahrscheinlich nicht damit, einen Trend zu setzen.

Eine Boazn, das ist die Art von Bier- und Schnapstränke, in der sich normalerweise eher die Stammtrinker der Nachbarschaft aufhalten. Bayerisch, rauchgebeizt, heimatkitschig dekoriert und oft etwas traurig. Bildhauer legte mit seinem ersten Band zu Giesing aber nicht nur eine interessante Milieustudie hin, sondern auch eine sozialromantische Liebeserklärung an das alte München. An Erich, den Wirt, der auf einem Auge blind und auf einem Ohr taub ist, und die Bedienung Vroni, die »mal oben mit und mal ohni« ist.

Leider ist der Führer auch ein Mahnmal gegen die Gentrifizierung: Einige Einträge sind bereits mit schwarzem Trauerbalken versehen. Und für den Leser sind weitere Trauerbalken-Aufkleber beigelegt, so dass er den Kneipenführer auf dem aktuellen Stand halten kann.

Einen guten Mix aus Alt-Giesingern und Hipster-Crowd findet man dagegen im neu eröffneten, aber immer noch urigen **Café Schau Ma Moi** (1). Kulinarisch interessanter wird es im **Attentat Griechischer Salat** (2). Hier gibt's, wie der Name sagt: Salate. Und wie er vermuten lässt: Szenevolk.

Stadtrandischer fühlt sich das **Fiedler & Fuchs** (3) an – das Lokal liegt an Münchens wenigstbefahrener Kreuzung. Stil: neu untergiesingerisch, also Bayerisch mit zartem Dreh.

Bereits gut etabliert hat sich das **Charlie** (4). Ist man Boazn-Fan: ein Feind! Denn genau aus einer solchen haben die umtriebigen Macher um Gastro-Queen Sandra Forster den Feuertopf-In-Vietnamesen gebastelt, samstags mit stylisch ausgeleuchtetem Elektro-Club im Keller.

Schlachthof-Charme

Wem das schon wieder zu viel ist, wer sich nach Ehrlicherem sehnt, nach ganz unironisch gefeierter Bodenständigkeit, der muss noch weiter raus, auf die andere Isar-Seite ins Schlachthofviertel. Dort, wo die Thalkirchner Straße unter einer Eisenbahnbrücke auf die Lagerhausstraße trifft, wo düstere Industriehallen stehen, findet man ein Stück Niemandsland. Dass es hier mal eine kleine Eckkneipe gab, wissen wahrscheinlich nur noch die Zuhälter und Prostituierten vom Straßenstrich und die Fernfahrer vom Großmarkt, die sich dort nach getaner Arbeit getroffen haben. Seit ein paar Jahren aber kennt man die **Gruam** (1) (Grube) als angenehm unprätentiösen Mix aus Bar und Club.

Zweiter Anziehungspunkt in Sendling ist der Alte Viehhof. Auch das ist eine neuere Entwick-

B
BOAZN

Definition **Boazn:** Je nach Intonation kann eine Boazn eine drittklassige Kneipe sein oder aber ein gemütiches kleines Lokal. So oder so keine Boazn: Das Hofbräuhaus. Die Volksetymologie bringt die Boazn mit dem hochdeutschen Wort Beize in Verbindung. Wenn man sich den Dunst in vielen der Wohnzimmergroßen Lokale vorstellt, passt das ganz gut. Tatsächlich handelt es sich aber um einen Begriff aus dem Rotwelschen, der vom jiddischen ›bajis‹ (Haus, hebräisch bajit) hergeleitet wird.

▶ LESESTOFF

Munich Boazn: Maximilian Bildhauer, Volksverlag, 11,90 €

lung, obwohl Street-Art-Künstler die flächige Backsteinfassade natürlich schon lange für sich entdeckt haben. Und nein, niemand will behaupten, München sei ein Graffiti-Paradies, aber: Es gibt eine Szene. Immerhin so groß, dass das Kulturreferat unlängst beschloss, einen Street-Art-Beauftragten ins Amt zu setzen. Und ja, der erste ›Wholetrain‹ Europas, also ein kompletter besprayter Zug war 1985 eine Münchner S-Bahn. Denn hier und nicht etwa in Berlin entsprang Deutschlands Street-Art-Szene.

Heute verteilen sich die meisten Kunstwerke auf die Radltunnels an der Isar, die Brudermühlbrücke und eben den hinteren Teil des Viehhof-Areals, dort wo früher Tiere über Rampen getrieben wurden, nun Urban Gardener ihr Gemüse aufziehen und Eidechsen ihr Habitat gefunden haben.

Das schönste am Viehhof aber ist das **Open-Air-Kino 2**, beziehungsweise der dazugehörige Nacht-Biergarten. Das Kino zeigt übrigens nicht nur Blockbuster, sondern auch Lokalperlen. Ansonsten gibt's hier Konzerte, Kleinkunst, Doodle-Sessions und Tiefenentspannung. Mal wieder gilt: schnell sein! Ein Neubau auf dem Gelände steht schon in Planung.

Etwas mehr Punkrock und noch dazu Kickertische finden sich jeweils in den Kneipen **Substanz 3** und **Südstadt 4**. Also, wer ein bisschen Distanz zur Bussi-Bussi-Gesellschaft braucht, sich nach einer alternativen Kulisse sehnt, nach Mädchen ohne Blogger-Knödel auf dem Kopf und Jungs ohne getrimmten Bart oder Menschen, die nicht nur ironisch tanzen können, der findet sein Glück im Münchner Süden.

Vor der originellen Kulisse des alten Viehhof-Geländes laufen (wenn es das Wetter zulässt) auf einer 16 x 8 Meter großen Leinwand Kinohits, Blockbuster, aber auch Münchner Film- und Serienklassiker. Neben 1000 Sitzplätzen gibt es noch Bodenplätze mit Picknickflair und einen Nachtbiergarten.

Ü ÜBRIGENS

Im Viehhof gastiert regelmäßig der wunderschön verrückte **Kulturzirkus Wannda,** mit Tänzern, DJs, Handwerkerständen und einem Nachtflohmarkt (www.wannda.de).

UM DIE ECKE

Freitags von 13 bis 18 Uhr gibt es am Giesinger Bahnhof einen **Wochenmarkt 1** mit tollen Antipasti.

Die Gegend um den Schlachthof ist orientalisch geprägt mit einer Moschee, vielen Gemüseläden und den zwei liebevoll eingerichteten Libanesischen Zwillingen: dem **Beirut Beirut 5** für Falafel-Fans und dem **Manouche** für die gleichnamigen Teigfladen, die dampfend aus dem Ofen gezogen und mit frischen Kräutern und Toppings verfeinert werden (Valleystraße 28 und Valleystraße 19, www.beirutbeirut.de).

Acht Kilometer Stadtstrand – **die Isar**

\# 12

Wenn Münchner von ihrem Fluss schwärmen, dann nicken Unwissende oft wenig enthusiastisch mit dem Kopf. Man kann ihre Gedanken lesen: »Nett. Aber doch längst kein Meer.« Man muss sie eben selbst mal erlebt haben, die Isar – den wohl längsten Kühlschrank der Welt. Am besten einen ganzen Sommer lang, aber mindestens einen Nachmittag.

Schon nach ein paar Stunden versteht man, wieso sie viel mehr ist als ein Fluss – ja beinahe eine Weltanschauung. Vor allem seit die Stadt sie aus ihrem künstlichen Korsett befreit hat. Bei den Römern hieß sie nämlich noch ›Isara rapidus‹, die Reißende. Weil sie aus dem Karwendelgebirge in die Talebene stürzte. Dabei riss sie über die Jahrhunderte nicht nur einige Holzbrücken ein, sondern auch Menschen in den Tod. Verständlich, dass die Münchner begannen, sie zu bändigen. Schließlich sollte sie Mühlen antreiben und Sägewerke, statt

Picknickstelle, Kühlschrank, Abendlocation, Freibad, Grillplatz … Die Isar hat viele Qualitäten!

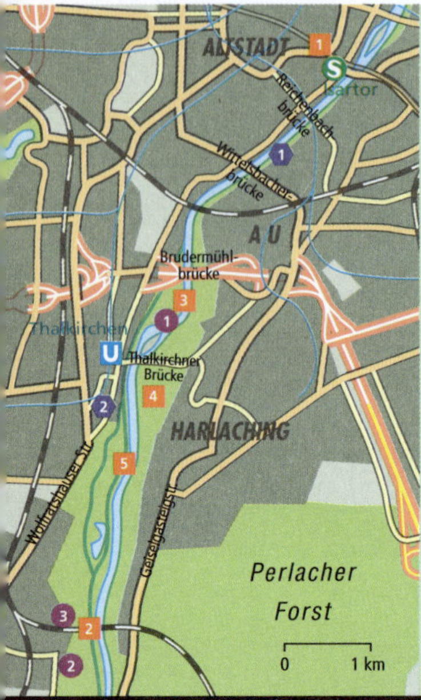

INFOS/ÖFFNUNGSZEITEN

Tierpark Hellabrunn 4: Tierparkstr. 30, www.hellabrunn.de, im Sommer 9–18, im Winter 9–17 Uhr

Fahrradverleih: zum Beispiel www.mikesbiketours.com, Hofbräuhaus am Platz, Tagespauschale 20 €

KULINARISCHES FÜR ZWISCHENDRIN

Zum Flaucher 1: Isarauen 8, www.zum-flaucher.de, tgl. bei schönem Wetter

Waldwirtschaft 2: Georg-Kalb-Straße 3 in Pullach, www.waldwirtschaft.de, tgl. 10–22.30 Uhr

Als alternative Endstation bietet sich das **Isarfräulein** 3 an: Der hübsch renovierte Kiosk ist die Prinzessin unter den Isar-Standln, mit hausgemachtem Kuchen und gemütlichem Sitzsammelsurium. (Bahnhofplatz 3, Pullach im Isartal, www.isarfraeulein.de, Mi/Do 11–19.30, Fr/Sa 11–21, So 10–19.30 Uhr)

Cityplan: Karte 5 | **S-Bahn** Isartor, **U-Bahn** Thalkirchen, **Tram** 15, 25, N27

zu zerstören. Dafür zwang man sie in akkurat gezogene Kanäle mit hohen Kaimauern. Später gruben ihr Kraftwerke am Fuß der Alpen das Wasser ab, bis für München ein gerade mal fünfzig Meter breites, oft schmuddeliges Rinnsal in Zement übrig blieb.

Elf Jahre Arbeit und 35 Millionen Euro kostete die Rückverwandlung. Seitdem die Kaimauern durch flache Kiesbänke ersetzt und kleine Inseln, Fischtreppen und Habitate für Moorente und Biber angelegt wurden, sucht sich die Isar wieder heiter wie ein Bergfluss ihren Weg, schwillt zu alter Breite an, rauscht 14 Kilometer durch die Stadt – das Wasser so klar, dass man es meistens sogar trinken kann. 2011 feierte die Stadt endlich ihren neuen alten Fluss.

Ü
ÜBRIGENS

München hat unzählige Biergärten, Einheimischen aber gilt die etwas abseitige **Waldwirtschaft** 2 an der Großhesseloher Brücke ganz im Süden als der schönste: uralte Kastanienbäume, Isar-Rauschen, Jazz und FC-Bayern-Spieler inklusive.

Bühne, Bierkühlung, Badeparadies

Seitdem gilt die Isar mehr denn je als Lebenseinstellung, als ideale Bühne, um die Lässigkeit einer Stadt zu beweisen, der sie oft abgesprochen wird. Auf die Isar können sich alle einigen, die Alten und die Jungen, die Faulen und die Sportlichen, die Naturschützer und die Feierwütigen, die Bonzen und die Flaschensammler, die Angezogenen – und die Nackerten.

Am Besten eignet sich für eine Isar-Erkundung natürlich das Fahrrad. Auf dem breit angelegten Radweg am Ostufer, kommt man nämlich nicht nur schnell von Nord nach Süd, sondern vergisst an den schönsten Stellen, dass man gerade mitten in einer Millionenstadt unterwegs ist.

Mit ein paar Stunden Zeit und der Badehose im Gepäck radelt man zum Beispiel vom **Isartor** 1 zum Flaucher hoch, oder noch weiter bis zur **Großhesseloher Brücke** 2 (45 Min. reine Fahrtzeit), wo die Reichen und Schönen wohnen, aber vor allem die uralten Kastanien der Waldwirtschaft Schatten spenden, während die Isar unten im Tal mit der frisch eingeschenkten Radler-Maß um die Wette sprudelt.

Dabei passiert man erst den **Hipster-Strand** 1 zwischen Reichenbachbrücke und Corneliusbrücke. Die beliebteste Strecke, um sich ein paar Meter mit dem Strom tragen zu lassen. Höllisch schnell geht das übrigens. Und aufgepasst: Die Isar ist auch im Stadtbereich ein Wildfluss und kein offizielles Badegewässer.

An einem schönen Tag wird man ein wenig auf Rennradler achten müssen, ansonsten kann man den Blick auf Auen, Sand- und Kiesbänke, Fußballspieler, austrainierte Freeletics-Sportler und viele, viele Sonnenhungrige genießen – die ab und an ins eisig kalte Wasser tappen, um ein neues Bier aus den Fluten zu angeln. Ein Schlauchboot treibt vorbei. Irgendwo steht ein Angler.

Jeweils in Brückenpfeiler-Nähe finden sich die alteingesessenen Standln, wo Sie sich mit Eis, Spezi oder Pommes versorgen können.

Dann tauchen in der Ferne die Türme des Heizkraftwerks auf, was romantischer ist, als es klingt. Vor allem, weil das Kraftwerk den **Flaucher** 3 ankündigt: Hier wirkt die Isar besonders naturnah mit Wiesen, Inselchen und Flußbänken – aber auch Schwaden von Grillwolken. Wer nicht mehr bis zur Wawi durchhält bekommt im ebenso traditionellen Biergarten **»Zum Flaucher«** 1 seine erfrischende Radler-Maß oder Apfelschorle. Das Schöne: Er liegt mitten in den Isar-Auen und ist somit nur per Rad oder zu Fuß zu erreichen. Keine Spur von Autolärm.

I
ISARLIED

Isarflimmern
Der bayerische Liedermacher **Willy Michl** nennt sich selbst den Isar-Indianer. Schon als kleiner Bub hat er hier die Zeit zugebracht. Damals noch allein – ein beliebtes Naherholungsgebiet wurde der Flaucher erst später:

»...in da Sommasonna
auf dem weißen Kies,
i sog eich des is,
des Isarflimmern mitten
im Paradies,
Rolling Stones im
Flußbett,
träumen von Lady Jane,
das Ufer träumt vom
Liebespaar,
und s'Gebirg vom
Jennerwein,
und da Fluß träumt von
Millionen Jahren,
und laft oiwei so dahin,
in seim ewigen Tal?
smaragdengrün?
des is des Isarflimmern
mitten im Paradies ...«

Das eigentliche Highlight der bayerischen Hauptstadt ist für Kinder wie für Erwachsene die Isar. Kristallklares Wasser, traumhafte Strände und eine tolle Stimmung – so sieht Sommer in München aus. Rund um den Flaucher liegen die wohl schönsten Badeplätze: Dank der vielen abgehenden Isararme finden sich (vor allem im südlicheren Teil) kleine Buchten, die bei schönem Wetter beinahe Karibikfeeling aufkommen lassen.

B BADEN

Teile der Isar und des Isarkanals sind aufgrund von Einbauten und Wasserwalzen nicht zum Baden geeignet, weshalb die **Warnschilder** unbedingt beachtet werden sollten. Grundsätzlich gibt es an der Isar jedoch nur wenige Reglements und Einschränkungen

Belohnung: Stramme Wadeln und Radlermaß

Wieder aufgesessen, verrät nun der Raubtiergeruch, dass man Thalkirchen und den **Tierpark Hellabrunn** 4 erreicht hat. Ein kurzer Abstecher auf den höher liegenden Fußweg, und man blickt direkt den Zicklein und Lämmern im Streichelzoo in die Augen.

Wer mit dem Mountainbike und etwas sportlicher unterwegs ist, kann ab jetzt immer wieder vom Radweg auf anspruchsvoll angelegte Trails im Unterholz ausweichen. Irgendwo versteckt sich auch ein kleiner Trick-Bikepark mit Rampen.

Wer dagegen über die Thalkirchner Brücke auf die Westseite zum Isarkanal wechselt, hat nicht nur Gelegenheit den Surfern an der **Floßlände** 5 zuzuschauen, sondern bekommt mit etwas Glück auch ein Floß zu sehen. Die Blasmusikkapelle kündigt den kuriosen Partyspaß schon von weitem an. Die Passagiere sind im Normalfall bierfröhlich genug, um Zuschauer lautstark zu honorieren.

Je weiter man sich entlang der Isar aus der Stadt nach Süden bewegt, desto verlockender sind beschauliche Plätzchen am Hochufer. Und wer es schließlich den steilen Berg zur Waldwirtschaft hoch geschafft hat, darf sich nach der Brotzeit auch mit einer S-Bahn-Fahrt zurück in die Innenstadt belohnen. Immerhin können Sie jetzt mitreden!

UM DIE ECKE

»Schwimmen wie im See« kann man im städtischen Schwimmbad **Maria Einsiedel** 2, das herrlich unter uralten Bäumen liegt – und dessen Badewasser biologisch mithilfe von Mikroorganismen gereinigt wird. Weitere Attraktionen: der reißende, eiskalte Isarkanal, der mitten durch die Liegewiese führt, und der abgegrenzte FKK-Bereich (Zentralländstraße 28, Mai-Sept. 9-18, an heißen Tagen bis 20 Uhr, Eintritt 3,40 €, Kinder 2,50 €).

Der vergessene Stadtteil – **Schwanthalerhöhe**

\# 13

Während Giesing mit der nahen Isar punkten kann, waren die Münchner doch überrascht, dass Trendforscher plötzlich vom Westend sprachen. Also eigentlich von der Schwanthalerhöhe, dem Viertel oberhalb der Theresienwiese. Der Dunst vom Augustiner Bräu zieht hier durch Straßen, die einst vor allem Gastarbeitern günstigen Wohnraum boten.

Ja, manche Städter haben das Westend komplett aus ihrer inneren Landkarte gestrichen. Vielleicht der Grund, dass es noch nicht umgekrempelt wurde – muslimischer Nachbartreff neben Jungdesigner-Boutique neben Dönerladen neben Kurzwaren-Lädchen neben Alternativ-Kita: Das Viertel kippelt wunderbar entspannt auf der Grenze zwischen Wo? und In! Aber vielleicht liegt es auch an den Bewohnern, die ihr Viertel gegen die Gentrifizierung verteidigen wie ein Gallisches Dorf.

Die Monumentalstatue Bavaria, die genau an der Grenze zum Stadtteil Ludwigsvorstadt über der Theresienwiese thront, wurde vom namengebenden Bildhauer Ludwig Schwanthaler geschaffen.

Hier will um jeden Preis noch geträumt werden. Zum Beispiel im **Haenselgret** 1, in dem Angela Ruepp Erinnerungen zusammengetragen hat, mit denen Eltern selbst spielen wollen: Kreisel, Rasseln, Murmeln. Überhaupt ist die Schwanthalerstraße die Kastanienallee des Westends: Hier sitzt, wer genau weiß, was läuft, aber so tut, als ob nicht.

Zum Beispiel Designerin Claire Massieu von **Louloute** 2, die auch gleich Nähkurse und Näh-Kits zum Selbermachen anbietet, oder ein paar Läden weiter die **Herrenabteilung/Damenabteilung** 3, ein extrem gut sortierter Secondhand-Shop, dessen

INFOS/ÖFFNUNGSZEITEN

Haenselgret 1: Schwanthalerstr. 141, www.haenselgret.de, Di–Fr 10–18.30, Sa 10–14.30 Uhr

Louloute 2: Gollierstr. 33, www.louloute.de, Di–Fr 12–19, Sa 11–18 Uhr

Herrenabteilung/Damenabteilung 3: Schwanthalerstr. 156, Mo–Sa 11–20 Uhr

Parke 6 4: Parkstr. 6, Mo/Di 11–16, Mi/So 15–19, Fr/Sa 13–19 Uhr

KULINARISCHES FÜR ZWISCHENDRIN

Cafe Marais 1: Parkstr. 2, www.cafemarais.de, Di–Sa 8–20, So 10–18 Uhr

Bodhi 2: Ligsalzstr. 23, www.bodhivegan.de, Mo–Fr/So 11.30–14, tgl. 17–24 Uhr

Lohner und Grobitsch 3: Sandtnerstr. 5, www.lohnerundgrobitsch.de, Mo–Fr 9–18, Sa/So 10–!8 Uhr

Frisches Asia-Streetfood: Die Nudelschalen bei **Madame Hu** 4 kann man mit Soßen und Gewürzen modifizieren, und es gibt selbstgemachten Eistee (Gollierstr. 20, www.madame-hu.com).

Im Neuen **Café Kubitschek** 5 gilt der Slogan »f*ck the backmischung«. Dem neuen Besitzer ist es gelungen, ein Traditionsgeschäft mit Witz aufzumöbeln (Gollierstraße 14, www.cafe-kubitscheck.de).

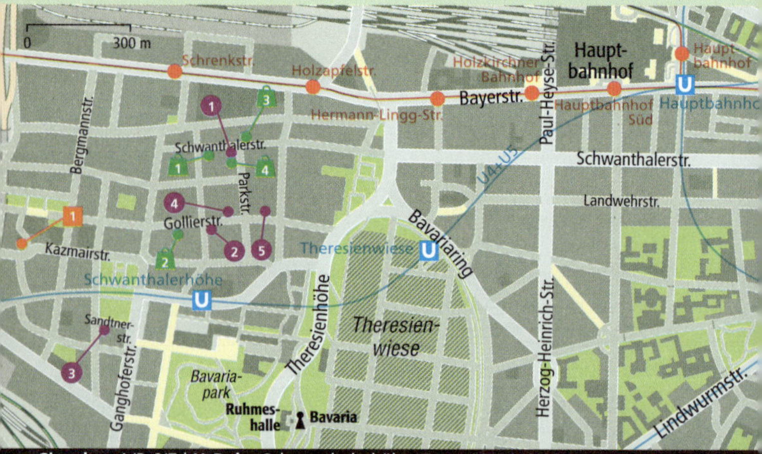

Cityplan: A/B 6/7 | **U-Bahn** Schwanthalerhöhe, **Tram** 18, 19, N19

Inhaber ums Eck herum in der **Parke 6** 4 schwedische Designerteile verkauft. Die perfekte Location, denn gegenüber liegt das heimliche Zentrum des Viertels, das **Café Marais** 1.

Lässige Grätsche

In einem der großen Schaufenster des ehemaligen Textil-Kaufhauses kann man leicht den Tag verdandeln. Dass man mit der Ladeneinrichtung zu einer Kaffeehaus-Installation verschmilzt; dass in den Schubfächern und Vitrinen ein Sammelsurium aus Vintage-Taschen, Schmuck, Retrogeschirr oder Schreibwaren steckt; dass man das antike Mobiliar kaufen kann: All das würde im Glockenbach zu gewollt wirken. Das Westend versprüht genug Nonchalance, sich solche Spielereien erlauben zu dürfen.

Nach demselben Prinzip funktioniert das **Bodhi** 2. Als einer der wenigen Veganer Münchens könnte man es als apokalyptischen Reiter der Gentrifikation sehen. Aber tatsächlich wirkt das ungewöhnliche Konzept der Vegan-Bayerischen Küche nicht verkünstelt und ist sogar preislich im Rahmen.

Nur eine große Niederlage erlitten die Westendler: Vor ein paar Jahren noch traf sich Jung und Alt am Georg-Freundorfer-Platz, der nicht nur wegen seines prämierten Spielplatzes die Kleinen glücklich macht, und wegen der Schachfelder die Rentner, sondern vor allem als einer der besten Skate-Spots in Deutschland galt:

Seitdem sich ein Anwohner über den Lärm beschwert hat, ist das Skaten streng verboten. Bei schlechtem Wetter sieht man die Jungs noch im U-Bahn-Zwischengeschoss Schwanthalerhöhe über Kanten und Geländer schlittern.

Dafür gelang dem **Lohner und Grobitsch** 3 um die Ecke die Grätsche zwischen den Generationen umso besser. Vor ein paar Jahren überzeugte eine junge Schneiderin den alten Inhaber aus dem Tante Emma-Laden ein Kaffeehaus zu machen. Heute genießen hier junge Familien und ältere Paare einträchtig den frisch gebackenen Kuchen. Ein schönes Beispiel dafür, wie sich ein Stadtviertel ändern und gleichzeitig seine Seele bewahren kann.

UM DIE ECKE

Zeitgenössische Kunst im Ein-Raum-Happen gibt es im **Raum 58** 1 (Kazmairstraße 58, www.raum-58.de).

Bei der 4 Meter hohen ›Sweet Brown Snail‹ am Münchner Verkehrszentrum – unter den Anwohnern ist sie als ›Ilse‹ bekannt – handelt es sich tatsächlich um die 29-fache Vergrößerung einer Schnecke aus Ton, die von ihren beiden Machern an einem Kiosk gekauft wurde. Die Skulptur steht in ironischem Gegensatz zum Thema Geschwindigkeit, das im Verkehrsmuseum natürlich eine große Rolle spielt.

Ü ÜBRIGENS

Schneiderin Alexandra O'Donovan hat zwar ihr Atelier im Westend, aber hier geht es um ihre virtuelle Heimat. Auf **www.storyofmyshirt.de** sammelt sie Geschichten über alte Kleidungsstücke, aus denen sie neue schneidert. Auf ihrem Blog erfährt man Anekdoten über die ehemaligen Stoff-Träger vom Schulrektor bis zum Bierkutscher.

14

Spazieren und Flanieren – **Schloss Nymphenburg**

Was die Könige getrieben haben, wenn ihnen langweilig war – nämlich protzen und klotzen, dafür gibt's in Bayern genug (er)bauliche Beispiele. Besonders wild trieb es einer, der sich sein Leben lang nichts sehnlicher wünschte als König zu werden, dem die Herkunft aber ›nur‹ zum Kurfürsten verhalf.

»Das schönste Bad, das mit allen Bequemlichkeiten, so die Pracht nur eingeben kann …« – so hochgelobt wird die Badenburg in einer Reisebeschreibung von 1792.

Eigentlich hatte Max Emanuel nie große Lust auf Bayern. Stattdessen versuchte er sein Herzogtum einzutauschen, einmal gegen die Spanischen Niederlande, ein andres Mal gegen die Königreiche Sardinien und Sizilien. Als er die Chance auf die Kaiserkrone witterte, musste ein Statussymbol her. Die Basis stand: Ein Schlösschen, das sein Vater der Mutter zu seiner Geburt geschenkt hatte. Max Emanuel machte daraus einen weitläufigen Palast mit Seitenflügeln, einem Wasserlauf und einem

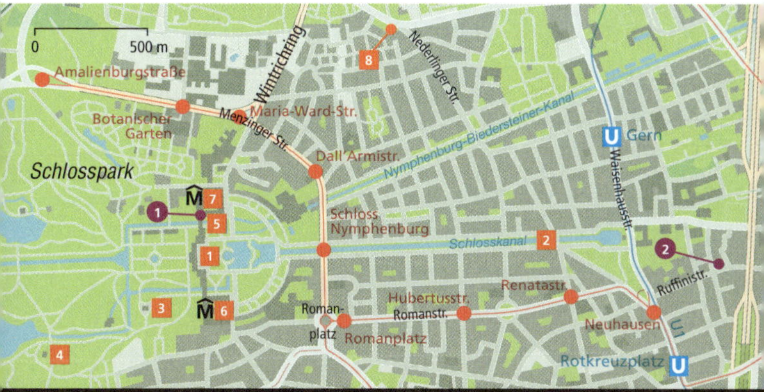

Cityplan: Karte 3 | **U-Bahn** Gern, **Tram** 12, 16, 17, N16

INFOS/ÖFFNUNGSZEITEN

Schloss und Park 1: April–Mitte Okt. tgl. 9–18 Uhr (Gesamtkarte Nymphenburg 11,50 €), Mitte Okt.–März tgl. 10–16 Uhr (Gesamtkarte 8,50 €)
Museum Mensch und Natur 7: Di–Fr 9–17, Do 9–20, Sa–So 10–18 Uhr, 3,50 €, www.mmn-muenchen.de

KULINARISCHES FÜR ZWISCHENDRIN

Eine Alternative zum überfüllten Palmenhaus ist das **Limulus** 1. Es liegt ein wenig versteckt hinter dem Museum Mensch und Natur. Im Garten hört man nur das Quaken der Enten aus dem Schlosspark (Nördl. Schloßrondell 12, www.cafebar-limulus.de, Di–Fr 10–17, Sa–So 10–18 Uhr).

Park, der locker mit Versailles mithalten können sollte – das **Schloss Nymphenburg** 1.

Heute hausen in Nymphenburg und dem benachbarten Gern zwar keine Fürsten mehr, aber durchaus die oberen Zehntausend – unschwer an den Villen zu erkennen, die nicht nur die Nebenstraßen, sondern auch die beiden Auffahrtsalleen zum Schloss säumen: Dazwischen liegt der Nymphenburger Kanal mit seinen **Eisstockbahnen** 2.

Durch die mächtige Flucht der Alleen wirkt es, als ob die Schlossfront mit jedem Schritt wächst. Der Kurfürst hat es verstanden, seine Machtstellung in den Gehirnwindungen von Volk und Hofstaat zu verankern.

Natürlich wurde das Schloss von späteren Wittelsbachern mit weiteren Dekobauten aufgemotzt und mit Schätzen gefüllt. König Ludwig der Erste erweiterte Max Emanuels Schönheitsgalerien von Adeligen mit einem »gemalten Serail« durch das »der Kunsteunuch spazieren gehe«, wie Heinrich Heine spottete. Sprich: Ludwig, bekannt für sei-

Im Nymphenburger Schlosspark findet man nicht nur wunderschöne Gartenanlagen, Skulpturen und Brunnen vor, sondern auch freie Natur mit viel Wald und viel Wasser.

ne Affären, ließ auch Bürgertöchter und einfache Mädchen porträtieren.

Am eindrucksvollsten ist die **Amalienburg 3**, ein Jagdschlösschen von Cuvilliés, der auch das Rokoko-Theater in der Residenz gestaltet hat. Im Spiegelsaal versteht man, wie die Herrscher ihren Größenwahn pflegten: Die Grenzen des Raums scheinen sich aufzuheben, der Saal beinahe zu schweben. Nach oben verfängt sich der Blick in einem himmelsgleichen Gespinst aus hellblauem Stuck.

Königsspiele

Der Schlosspark war damals der Hofgesellschaft vorbehalten, erst Karl Theodor eröffnete ihn fürs Volk. Wenn nicht gerade ein paar Reisebusse vorfahren, kann man sich vorstellen, wie hier gejagt, getanzt und gefeiert wurde – ja sogar venezianische Gondeln durch den Kanal glitten.

Max Emanuels Architekt hat nicht nur einen barocken Park mit Wasserspielen, Seen, exotischen Gewächsen und Statuen angelegt, sondern auch Lustschlösser. In der **Badenburg 4** befand sich ein beheizbares Schwimmbad – ziemlich extravagant in einer Zeit, in der man Körpergerüche mit Parfüm übertünchte.

Wer sich nun bereits zu den Hofdamen rechnet, wird auch die Ausstellung der **Porzellanmanufaktur 5** im Südflügel des Schlosses mögen. Wen interessiert, wie sich die ›Großkopferten‹ auf der Straße inszeniert haben, der findet ebendort im **Marstallmuseum 6** die Karossen der Könige – damals natürlich noch durch echte PS angetrieben.

Zum Ausnüchtern von all dem Glanz, vor allem, wenn man Kinder dabei hat, lohnt noch ein Besuch im **Museum Mensch und Natur 7** im Nordflügel. Stichwort: Mitmach-Exponate! Und erinnern Sie sich noch an Bruno, den Problembären? Der klaut hier in den ewigen Jagdgründen seinen Honig.

UM DIE ECKE

Im Neuhausener Weinhaus-Café-Tausendsassa, dem **Ruffini 2**, sitzt man eng und gemütlich auf der winzigen Dachterrasse und fühlt sich intellektuell (Orffstraße 22–24, www.ruffini.de, Di–So 10–24 Uhr).

Ü ÜBRIGENS

Die **Röthlinde 8** in Gern hat mit ihren über 300 Jahren schon einiges miterlebt: den Einmarsch Napoleons, die im nahen Nymphenburger Schloss residierenden Könige, die beiden Weltkriege. Botaniker geben ihr noch etwa ein Jahrzehnt. Ecke Nederlinger Straße/ Baldurstraße

Für unterschiedliche Anlässe konnte Ludwig II. zwischen verschiedenen Ausführungen seiner edlen Karossen wählen. Seine Prunkwägen und Kutschen kann man im Marstallmuseum bewundern.

Avantgardistischer Alpenersatz – **der Olympiapark**

#15

Wie ein Spinnennetz, in dem sich Tautropfen verfangen haben, so wirkt die transparente Dachkonstruktion des Olympiastadions 1 aus der Ferne. Kaum zu glauben, dass diese Architektur aus den Sechzigern stammt!

Aber genau das war den Architekten damals wichtig – sich abzugrenzen von den monumental-neoklassizistischen Spielen von Berlin 1936, den Hitler-Spielen. Das Zeltdach sollte die neue deutsche Leichtigkeit spiegeln, ein Entwurf sein für die Utopie: frei, schön, schwerelos, elegant – und demokratisch.

Wie Damenstrümpfe! Nein, letzteres ist kein Witz. Einer der Architekten experimentierte für das

Vom fast 300 Meter hohen Olympiaturm hat man einen fantastischen Ausblick.

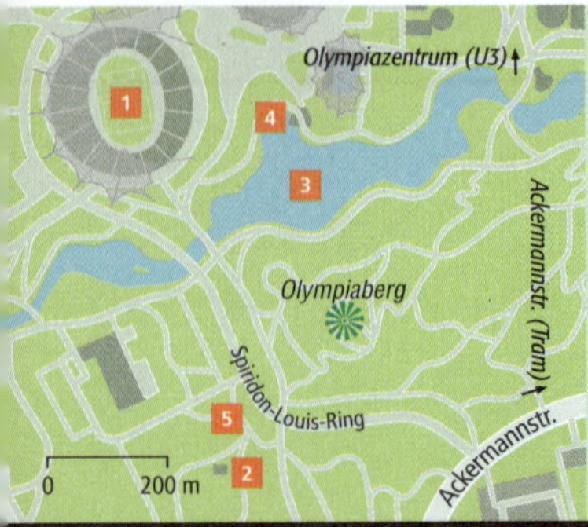

INFOS/ÖFFNUNGSZEITEN

Olympiastadion 1: www.olympiapark.de/de/der-olympiapark/veranstaltungsorte/olympiastadion, im Sommer 9–18, im Winter 11–16 Uhr, Erwachsene 3,50 €

Ost-West-Friedenskirche 2: www.ost-west-friedenskirche.de, tgl. 10–16 Uhr, Eintritt frei

Cityplan Karte 4 | **U-Bahn** Olympiazentrum, Petuelring, **Tram** 20, 21, 27, N 20, N27

Olympiapark

Modell damals tatsächlich mit den Strümpfen seiner Frau. Doch wie sollte man dieses hauchzarte Gebilde konstruieren? Ein wahrer Baumeister musste her, einer der nicht in Schubladen denkt, und er fand sich: Frei Otto. Der Vorname war Programm bei den Ideen des Stuttgarter Tüftlers.

Unter der kunstvoll angelegten Landschaft des Olympiageländes wurde der Krieg sogar wörtlich begraben: Drei Trümmerberge lagen bereit, um verarbeitet zu werden. 10 Mio. Kubikmeter Schutt, über die Jahre aus der zerstörten Stadt gekarrt. Der Zuschlag zu den Sommerspielen bot auch einen Grund die U-Bahn endlich fertig auszubauen: Der Aushub wurde für die Schüttung der Hochflächen verwendet und München einmal umgekrempelt.

Kirche der Herzen

Ausgerechnet ein kleiner Schwarzbau aber durfte bleiben. Bei den Planungsarbeiten hatte man eine winzige orthodoxe Kirche gefunden – aus Brettern, Trümmerteilen und Konservendosen gezimmert und mit dem Silberpapier von Schokoladetafeln ausgekleidet. Hier hatte sich nach dem Krieg ein russischer Flüchtling eingerichtet. Natürlich sollte der Verhau dem Millionenprojekt weichen.

Doch die rührende Geschichte führte zu einer massiven Protestwelle; das olympische Dorf wurde weiter nach Norden verlegt und Väterchen Timofei wohnte hier mit seiner Lebensgefährtin Natascha, bis er 2004 im Alter von angeblich 110 Jahren starb. Das liebenswerteste illegale Gebäude Münchens, bekannt als **Ost-West-Friedenskirche** 2, kann heute immer noch besucht werden.

T TOLL-WOOD

Im Süden des Parks findet im Juli das **Tollwood-Festival** 5 statt. Einst Großereignis für Alternative, heute als Öko-Kommerz beschimpft, aber immer noch ein guter Ort, um sich den Bauch mit exotischem Streetfood vollzuschlagen (www.tollwood.de).

Neu für so ein Großereignis war, dass bei der Gestaltung die Wertschätzung der Natur und ökologische Gesichtspunkte solch eine Rolle spielten. Nicht nur fügen sich die Bauten symbiotisch in die Landschaft um den **Olympiasee** 3, sondern dazu wurden über 3000 Bäume gepflanzt.

Und um dem internationalen Publikum bestimmt alle Assoziationen mit Nazi-Deutschland zu nehmen, bekamen die Sicherheitsbeamten eine Uniform, die nicht nach Uniform aussah.

Umso schrecklicher, dass es während der Spiele im September 1972 zum Massaker von München kam, als acht Mitglieder einer palästinensischen Terrororganisation das Wohnquartier der israelischen Mannschaft stürmten. Elf israelische Sportler, ein deutscher Polizist und fünf der Terroristen kamen damals ums Leben.

Demokratisch und frei

Trotz des Geiseldramas erinnert das Gelände heute noch an die beschwingte Aufbruchstimmung, die zum Bau in München herrschte. Die Aneignung des Parks durch die Bevölkerung galt dem Landschaftsarchitekten als oberstes Kriterium – und das ist gelungen: Nicht nur das Schwimmbecken oder die Eislaufhalle haben die Bürger annektiert; im Park wird geskatet, geradelt, gejoggt, im Winter sogar ein bisschen Ski gefahren. Im Sommer gibt's auf dem Olympiasee eine Wakeboard-Anlage. Und nachdem der Fußball in die Allianz Arena abgewandert ist, finden im Stadion Konzerte statt, die in der Stadt die Hallen sprengen würden.

Nicht nur freien Himmel, sondern auch freien Eintritt bieten die Theatron-Festivals mit ausgewählten Indie-Bands, die Pfingsten und Sommer in der **Arena** 4 am See spielen (www.theatron.de).

UM DIE ECKE

Das Zeltdach erinnert nicht nur an die Berge, es lässt sich auch im Klettergurt besteigen. Höhepunkt der Expedition: Das freie Abseilen über 40 Meter (www.olympiapark.de, Erwachsene 53 €) Wem das Olympiazentrum zu weit ist: Die Kneipe **München 72** im Glockenbachviertel ist eine nette Hommage. Mit Fotos, ausgedienten Turnmöbeln und Vintage-Sportlernahrung wie Schinkennudeln (Holzstraße 16, Mo–Do 16.30–1, Fr 16.30–3, Sa 10–3, So 10–22 Uhr).

F FREI-KARTE

Fast das Schönste am offenen Konzept der Architekten: Hier wird es wirklich demokratisch und **frei.** Statt schwitzend eine teure Eintrittskarte abzuarbeiten, kann man nämlich auch mit einer Flasche Wein im Gras auf den Hügelchen drumrum sitzen und den **Konzerten im Stadion** lauschen.

Das ungewöhnliche, lichtdurchlässige Stadion-Zeltdach besteht aus transparentem Plexiglas. Es überspannt das Stadion, die Halle sowie die Schwimmhalle auf dem Olympiagelände.

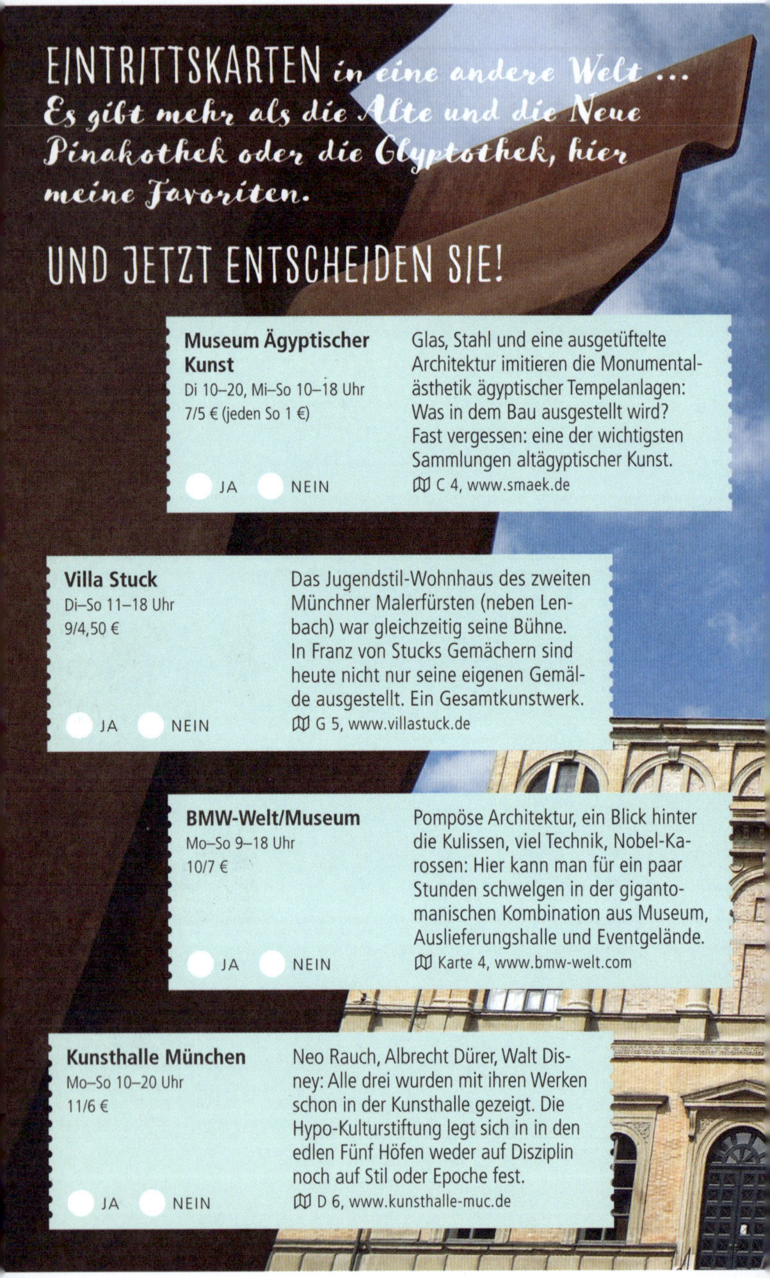

EINTRITTSKARTEN *in eine andere Welt ...*

Es gibt mehr als die Alte und die Neue Pinakothek oder die Glyptothek, hier meine Favoriten.

UND JETZT ENTSCHEIDEN SIE!

Museum Ägyptischer Kunst
Di 10–20, Mi–So 10–18 Uhr
7/5 € (jeden So 1 €)

Glas, Stahl und eine ausgetüftelte Architektur imitieren die Monumentalästhetik ägyptischer Tempelanlagen: Was in dem Bau ausgestellt wird? Fast vergessen: eine der wichtigsten Sammlungen altägyptischer Kunst.

JA NEIN

C 4, www.smaek.de

Villa Stuck
Di–So 11–18 Uhr
9/4,50 €

Das Jugendstil-Wohnhaus des zweiten Münchner Malerfürsten (neben Lenbach) war gleichzeitig seine Bühne. In Franz von Stucks Gemächern sind heute nicht nur seine eigenen Gemälde ausgestellt. Ein Gesamtkunstwerk.

JA NEIN

G 5, www.villastuck.de

BMW-Welt/Museum
Mo–So 9–18 Uhr
10/7 €

Pompöse Architektur, ein Blick hinter die Kulissen, viel Technik, Nobel-Karossen: Hier kann man für ein paar Stunden schwelgen in der gigantomanischen Kombination aus Museum, Auslieferungshalle und Eventgelände.

JA NEIN

Karte 4, www.bmw-welt.com

Kunsthalle München
Mo–So 10–20 Uhr
11/6 €

Neo Rauch, Albrecht Dürer, Walt Disney: Alle drei wurden mit ihren Werken schon in der Kunsthalle gezeigt. Die Hypo-Kulturstiftung legt sich in in den edlen Fünf Höfen weder auf Disziplin noch auf Stil oder Epoche fest.

JA NEIN

D 6, www.kunsthalle-muc.de

Lothringer 13
Di–So 11–20 Uhr
Eintritt frei

Auf den 800 m² Fläche gibt es alle sechs Wochen frischen Input von der jungen Avantgarde. Schwerpunkt ist Medienkunst. Mehrmals im Monat findet hier der »Rroomonday« mit Aktionen, Vorträgen und Screenings statt.
G 8, www.lothringer13.com

JA NEIN

Das Kartoffelmuseum
Fr 9–18, Sa 11–17 Uhr
Eintritt frei

Sie wird zu Bier, Kaffee, Schnaps, Brot, Wurst, Papier, Seife oder Kerzen verarbeitet und blickt in Deutschland auf eine über 360-jährige Geschichte zurück. München hat der Kartoffel deswegen ein Museum gewidmet.
H 8, www.kartoffelmuseum.de

JA NEIN

Paläontologisches Museum
Mo–Do 8–16, Fr 8–14 Uhr
Eintritt frei

Das Museum imponiert allein schon mit der Größe seiner Exponate: das gigantische Mammut, ein Säbelzahntiger oder das Skelett eines Riesenhirsches. Außerdem bekommt man Darwins Evolutionstheorie anschaulich erklärt.
C 4, www.palmuc.de

JA NEIN

Museum Fünf Kontinente
Di–So 9.30–17.30 Uhr
5/4 € (jeden So 1 €)

Gar nicht verstaubt: Zwar steht im ältesten Völkerkundemuseum Deutschlands das älteste Kajak der Welt, aber mit zeremoniellen Tanzmasken, zeitgenössischer Kunst aus Afrika oder Foto-Projekten wird der Horizont erweitert.
F 6, www.museum-fuenf-kontinente.de

JA NEIN

Alpines Museum
Di–So 10–18 Uhr
4,50/3 €

Das Alpine Museum widmet sich aktuellen und (kultur-)historischen Themen des Alpinismus, aber auch der künstlerischen Auseinandersetzung mit der Bergwelt oder dem Klimawandel. Für Kinder gibt's Action rund um die Berge.
F 6, www.alpines-museum.de

JA NEIN

Münchner Museumslandschaft

München sieht sich als Museumsmetropole. Der inoffizielle Landes-Wettkampf um die Bedeutung der Stadt für Kunst und Kultur läuft seit König Ludwig dem Ersten. In Konkurrenz zu Berlin hat sich München dabei immer schon selbstbewusst gegeben. Damit sich die Bürger den kulturellen Input auch leisten können, verlangen viele Museen und Ausstellungshäuser keinen Eintritt oder reduzieren sonntags ihre Eintrittsgelder auf einen Euro. Hauptattraktion ist ganz klar das **Deutsche Museum** (► S. 56) mit seinem Technikschwerpunkt, aber auch Naturkunde, Ethnologie und Stadtgeschichte deckt München keineswegs nur mit dem Pflichtprogramm ab. Zu Letzterer gehört selbstverständlich die Auseinandersetzung mit dem Nationalsozialismus wie in der Dauerausstellung im **Stadtmuseum** (► S. 31) am Jakobsplatz und mit dem neu eröffneten **NS-Dokumentationszentrum** (► S. 39) am Königsplatz. In Hitlers ›Haus der Deutschen Kunst‹ am Englischen Garten wird heute mit Fleiß präsentiert, was dem selbsternannten Kunstexperten nicht in sein verächtliches Weltbild gepasst hat.

WAS MAN IN MÜNCHENS MUSEEN ENTDECKEN KANN

Wer der Meinung ist, Museen seien düstere, tote Orte, der kann im **Botanischen Garten** bei Tageslicht durch seltene Exponate der lebendigen Kulturgeschichte wandeln: www.botmuc.de.
Wer wissen will, welche Künstler die Szene hypt, bevor sie in den großen Museen landen, der ist beim **Kunstverein** an der richtigen Adresse: www.kunstverein-muenchen.de.
Jung und unkonventionell zeigt sich das **Lothringer 13.**
Wer sich schon immer gefragt hat, wie ein Zahnstocher im Winter aussieht, auf Lokalkolorit und schrägen Humor steht, muss ins **Liesl Karlstadt und Karl Valentin-Musäum** (► S. 31) am Isartor.
Kür der Münchner Museumslandschaft ist das **Kunstareal** (► S. 36)mit den Pinakotheken, der Ägyptischen Kunst, dem Lenbachhaus und der Sammlung Brandhorst.
Eine Übersicht bietet die Seite **www.museen-in-muenchen.de.**

Blick ins Museum Brandhorst

Der kollektive Rausch

Sogar auf dem Stadtwappen findet sich indirekt der Bezug zum Bier: Obwohl nie ganz klar ist, ob das Münchner Kindl in seiner Kutte ein bierbrauender Mönch ist oder doch eher die Kellnerin im Wirtshaus. Fest steht: Bier und München, das sind beinahe Synonyme. Kein Wunder, getrunken wird niemals allein, sondern auf den großen Bierfesten, in den Biergärten, an der Isar, in Wirtshäusern, Boazn, Nachtclubs und an den kleinen Standln. Wer keines mag oder sonst nur Astra trinkt, kann sich schnell außen vor fühlen in dieser Stadt. Deswegen hier ein bisschen Smalltalk-Wissen.

Machttrunken: Gesellschaft und Bier

Bereits in den Reiseberichten des frühen 19. Jh. wird beschrieben, dass das Bier an der Isar eine ganz andere Rolle spielte, als beispielsweise an der nördlichen Elbe. Der Münchner trinkt seit jeher in geselliger Runde. Kein Wunder, dass Stadtgeschichte, Politik und soziale Entwicklungen sich oft über den Bierkrug weg entschieden haben.

Nicht selten mit Gewalt. Worum es bei der **Salvatorschlacht** 1888 ging, weiß allerdings keiner mehr so richtig: 4000 Gäste prügelten sich damals am Nockherberg die ganze Nacht grün und blau. Gerade als sich die Situation in München zwischen den beiden Weltkriegen zuspitzte, entwickelten sich die Bierhallen zu Austragungsorten der politischen Konflikte: Nicht selten endeten Reden in brutalen Saalschlachten. Der **Hitlerputsch** 1923 heißt im englischen Sprachraum nicht ohne Grund ›Beer Hall Putsch‹. Historiker vermuten, dass Hitler in München gerade unter leicht zu überzeugenden Saufbrüdern Anhang fand.

Münchner Bier-Jahreszeiten

Nockherberg 🕮 E 9

Der Biergeschmack wechselt in München mit den Jahreszeiten. Da ist das **Salvator** im Frühjahr, abgelöst vom **Maibock,** zur Oktoberfestzeit das **Märzen** und dann wird das Jahr mit dem **Weihnachtsbier** beschlossen. Diese Sondersude sind in der Regel allesamt stärker eingebraut. Eine Maß (Liter) Münchner Oktoberfest-Bier entspricht vom Alkoholgehalt acht Schnäpsen! Seinen Ursprung hat das Starkbier am **Nockherberg** in der Au. Dort hatten Mönche des Paulaner-Ordens schon 1634 die Lizenz zum Bierbrauen. Zur Fastenzeit wagte sich einer der Mönche an einen besonders kräftigen Trunk, um den Magen wenigstens flüssig zu füllen. Sicherheitshalber ließen die braven Paulaner dem Papst ein Fass schicken, um den Genuss abzusegnen. Durch die lange Reise aber war das Bier sauer geworden – und der Papst winkte es durch, weil er glaubte, es würde den Mönchen eh bald zum Hals raushängen. Von wegen. Das ›flüssige Brot‹ wurde zur beliebten Fastentradition.

Nach der Säkularisation konnten sich die Mönche ihr Kloster zwar nicht mehr leisten, aber der neue Pächter und Wirt Franz Xaver Zacherl behielt nicht nur die Tradition des **Starkbierfests** bei, sondern lud Schauspieler und Sänger dazu, um den Umsatz zu steigern. Das Fastenbier galt damals übrigens erst dann als kräftig genug, wenn eine besudelte Bank beim Aufstehen an der Lederhose kleben blieb. Heute wird die Starkbierprobe am Salvator-Ausschank samt »Derblecken« – dem bösen Kabarett über amtierende Politiker – live im BR übertragen.

17-tägiges Starkbierfest im Paulaner-Festsaal, Hochstraße 77, Au-Haidhausen, Beginn um den 19. März

Legale Massenorgie

Oktoberfest 🕮 A 6–8

Was oft als größte legale Massenorgie der Welt bezeichnet wird, war ursprünglich ein recht sittliches Pferderennen anlässlich der Hochzeit von Ludwig von Bayern und Prinzessin Therese 1810 vor den Toren Münchens. Zu Ehren der Braut erhielt der Festplatz den Namen ›Theresienwiese‹. Abgesehen von den Kriegsjahren fand die **Wiesn** daraufhin jedes Jahr statt und wurde immer spektakulärer, bunter und umfangreicher.

Ende des 19. Jh. begannen Münchens Brauereien aufgrund der Nachfrage große Bierzelte mit Musikkapellen anstelle der kleinen Bierbuden zu errichten.

Bis heute haben nur sechs Münchner Traditionsbrauereien die Schanklizenz auf dem Oktoberfest – ein Millionengeschäft. Der übertriebene **Bierpreis** wird jeden September zum Politikum. Vor allem wenn der Krug manchmal nur halbvoll ist. Bereits 1899 wurde der erste »Verband zur Bekämpfung betrügerischen Einschenkens« gegründet.

Auftakt ist der Einzug der Wiesnwirte auf geschmückten Wagen sowie der Anstich des ersten Fasses durch den Oberbürgermeister. Mit dem Ruf **»Ozapft is!«** beginnt die Wiesn offiziell. Das Ritual birgt viel Potenzial sich zu blamieren: Während Thomas Wimmer im September 1950 noch erbarmungswürdige 17 Schläge benötigte, ist der Rekord seit Christian Ude auf routinierte zwei Schläge gesunken. Erich Kiesl hatte 1981 zwar keine Probleme mit dem Handwerk, dafür entwich ihm in der Aufregung ein kräftiges: »Obatzt is!« Das Schottenhamelzelt brüllte vor Lachen.

Zu dieser Zeit sind die großen Bierzelte bereits gerammelt voll, vor den Eingängen haben sich lange Schlangen gebildet, und das wird sich in den nächsten Tagen auch nicht ändern. Die Kellnerinnen schleppen enorme Mengen an einigermaßen vollen Maßkrügen herbei. Berge von Hendln, Steckerlfischen, gebratenem Ochsenfleisch und Riesenbrezen werden vertilgt, die Musik dröhnt, es wird geflirtet, gesungen und auf den Tischen getanzt – ein kollektiver Rausch eben, den man nüchtern kaum erträgt.

Überhaupt sind die **Festzelte** eine Welt für sich, und in jedem findet sich ein anderes Biotop. Eine kleine Auswahl:

– Das **Hofbräu** zieht wie das gleichnamige Wirtshaus internationales englischsprachiges Publikum an: Amerikaner, Australier, Kanadier und Neuseeländer. Hohe Dichte an ›Fake-Tracht‹.

– Das **Hacker-Festzelt** gilt als eines der urigsten, wegen der Dekoration und weil der Wirt bei schönem Wetter einfach das Dach und den Blick auf weißblauen Himmel öffnet.

– Der **Schottenhamel** ist das älteste Zelt und hier wird das erste Fass angezapft. Es ist gerade bei den jüngeren Münchnern und der Schickeria als Party-Treffpunkt beliebt.

– Promis wie die FC Bayern-Spieler und internationale Stars treffen sich in **Käfer's Wiesn-Schänke.** Hier gibt's die beste Küche und es ist klein genug, um Exklusivität zu wahren.

– Frohe Nachricht: Wer immer noch kein Bier mag – im eher schicken **Weinzelt** gibt es 15 Sorten sowie Sekt und Champagner.

– Die **Bräurosl** ist zumindest am ersten Sonntag fest in Hand der Schwulen und Lesben.

– Das **Augustinerzelt** ist gerade bei den echten Münchnern beliebt, weil ihr Lieblings-Bier hier noch aus den traditionellen Holzfässern kommt.

16-tägiges Volksfestauf der Theresienwiese, Beginn am 3. Sa im Sep., Ende am Erntedanksonntag

Beschützerin der Theresienwiese

Bavaria 🕮 A 7

Das ganze Jahr wacht sie über die Theresienwiese und auf ihren Stufen

hat schon mancher seinen Wiesnrausch ausgeschlafen: Was dem New Yorker die Freiheitsstatue, ist dem Münchner die Bavaria. 30 Kaiser wurden ihr geopfert, Statuen von römischen Imperatoren, die ein Vorgänger Ludwigs gesammelt hatte, dazu mehrere türkische Kanonen. Der Guss dieser damals größten Bronzestatue der Neuzeit war eine technische Meisterleistung. In ihren Kopf zu kraxeln, um hinauszugucken, macht besonders während des zehnwöchigen Oktoberfest-Aufbaus Spaß wegen der gigantischen Zelte und Achterbahnen. Auf zwei Sitzbänken kann man sich nach dem Aufstieg erholen.
April–Oktober tgl 9-18 Uhr, während des Oktoberfestes bis 20 Uhr, 3,50 €

Bayerisches Lebensgefühl

Im **Biergarten** treffen sich alle Gesellschaftsschichten, Generationen, ja Nationen, und sitzen einträchtig nebeneinander auf den typischen harten Klappbänken ohne Lehne, im Kies unter den ausladenden Kronen der Kastanien.
Zu verdanken ist die Biergartenkultur der **Bayerischen Brauordnung von 1539.** Diese verbot das Brauen im Sommer wegen der Brandgefahr. Um nicht auf dem Trockenen zu sitzen, lagerten die Brauer das Bier in Kellern mit Stangeneis aus den Alpen. Auf den Kellern wurden Kastanien gepflanzt, die mit ihrem dichten Laub Schatten spendeten. Was lag näher, als hier Tische und Bänke aufzustellen?
Doch die Münchner Wirte stiegen auf die Barrikaden: Die Brauereien sollten Bier erzeugen, nicht zur Konkurrenz werden! So kam es, dass die Brauer in ihren Gärten zunächst nur Bier ausschenkten durften, die **Brotzeit** brachte man selbst mit.
Und das ist immer noch Usus: Dann wird eine karierte Tischdecke ausgebreitet, ein paar Holzbrettln draufgelegt, und schließlich die Schätze aus dem Korb geholt: Radieschen, Gurken, Tomaten, Radi (weißer Rettich), Brot, Brezen oder Semmeln, selbst gemachter Wurstsalat oder Kartoffelsalat, und natürlich Obatzda. Dabei kann man heute in allen Biergärten auch etwas zu essen kaufen: eine Scheibe Leberkäs, Salate oder Schnittlauchbrote, Spareribs, aus denen im Lauf der letzten Jahre unversehens ein bayrisches Gericht wurde. Wer etwas Typisches sucht, isst einen Steckerlfisch, eine Renke oder Makrele, die auf einen Stab gespießt und über der Glut gebraten wird.
Überblick über die zahlreichen Lokalitäten: www.biergärtenmünchen.de

Bier-Knigge

Münchner trinken traditionell kein **Pils,** sondern entweder **Helles** oder **Weißbier/Weizen** und das jeweils als Halbe oder Maß (mit Doppel-S gesprochen). Wenn der Bierschaum bei leichtem Kippen am Glas hängen bleibt, zeugt das von guter Qualität und sauberen Gläsern. Einen Maßkrug hält man übrigens nicht am Henkel, sondern indem man die Hand unter diesen schiebt und so den Krug selbst im Griff hat. Zum Abstellen eignet sich die Hüfte, solange der Bierbauch sie noch nicht überragt.
Augustiner Helles, das Bier der Münchner, findet sich sowieso auf jedem Fest. Giesinger Bräu gilt gerade als schick unter Glockenbachlern.

R REINHEIT

Bier galt im 19. Jh. als durchaus gesundes Grundnahrungsmittel: Münchner Mütter tranken während der Stillzeit bis zu sieben Gläser am Tag, um die Milchproduktion anzuregen. Immerhin gilt heute seit 500 Jahren das **Bayerische Reinheitsgebot,** das nur Hopfen, Malz und Wasser im Bier duldet. Im Mittelalter mischten die Brauer nämlich gern psychoaktive Substanzen dazu wie Tollkirschen, Muskatnuss, Wermut oder Schlafmohn.

Pause. Einfach mal abschalten

Die Isar, der Englische Garten, der Olympiapark, der Gärtnerplatz, der Königsplatz ... Vielleicht gibt es in München einfach zu viele entspannte Orte: Die folgenden Plätzchen können jedenfalls beinahe noch als Geheimtipps verkauft werden – wenn man wirklich mal seine Ruhe haben will!

Ländlich lauschig
St. Sylvester 🕮 G 1

St. Sylvester ist die frühere Dorfkirche Schwabings und eine der ältesten der Stadt. Erstmals wurde sie 1315 erwähnt; vermutlich stand hier aber schon um 780 ein Gotteshaus. Im Innenhof ist man oft ganz alleine und kann sich einbilden, die Zeit steht gerade still.

Biedersteiner Straße 1, U: Giselastraße

Seelenruhig
Alter Nordfriedhof 🕮 D 3

Eine beinahe magische Atmosphäre umgibt den Alten Nordfriedhof: Manche Gräber werden noch gepflegt, andere wirken wunderbar verwunschen mit ihren abgeschlagenen Engelsköpfen und efeuumwucherten Sockeln. Hier treffen sich Jogger, Studenten, die auf der Wiese liegen und lesen, Mütter mit Kinderwagen und ältere Münchner aus der Nachbarschaft – sie alle schätzen die besondere Stimmung. Wenn man sich auf eine der Bänke setzt, ist das einzige Geräusch oftmals das Hämmern der Spechte.

Arcistraße 45, U: Josephsplatz

Kuchenduftig
Hoover & Floyd 🕮 D 8

Das Hoover & Floyd im Glockenbachviertel erwischt einen im richtigen Moment wie Seelenbalsam. Neben dem sowieso gemütlichen Gastraum gibt es ein Spezial-Sofa im Separée im hinteren Teil des Lokals. Zwanziger-Jahre-Musik, Arme Ritter zum zweiten Frühstück, Durchatmen.

Ickstattstr. 2, U: Fraunhoferstraße

In der Regatta-Anlage etwas nördlich von München lässt es sich nicht nur hervorragend rudern, sondern auch schwimmen und relaxen.

Très joli

Bordeauxplatz 🕮 H 7/8

Im Franzosenviertel von Haidhausen geht's nicht nur sehr charmant zu, sondern auch überraschend entspannt, und das so nah am Ostbahnhof: Der Bordeauxplatz bietet Rasen und Blumen und stressfreie Zone.

S: Ostbahnhof

Frivolfrech

Deutsche Eiche 🕮 Karte 2, D 7

Müde vom Herum-Hipstern im Gärtnerplatzviertel? Beste Idee: Sich im Restaurant der Deutschen Eiche ein Gläschen Wein an der Theke holen und Bescheid geben, dass man sich damit auf die Dachterrasse verzieht... Über den Dächern der Stadt relativiert sich eh alles.

Reichenbachstraße 13, U: Fraunhoferstraße

Zentral unterschätzt

Maximiliansplatz 🕮 C/D 5

Nachts ist rund um den Maximiliansplatz Party angesagt, tagsüber lässt es sich hinter dem Wittelsbacher Brunnen und dem Schillerdenkmal am nördlichen Ende auf Bänken, Treppenstufen und einer hügelige Liegefläche wunderbar verweilen.

U: Odeonsplatz

Plätscherplätscher

Schlosspark Nymphenburg 🕮 Karte 3

Der Schlosspark Nymphenburg könnte so schön sein, wenn man mal alleine wäre! Geht doch: Man muss nur den Kanal im Inneren des Parks bis zu seinem Ende entlanggehen, dann findet man sich an der wunderschönen großen Kaskade wieder. Hier blubbert im Sommer beruhigend das Wasser und außer ein paar Joggern und Rentnern kommt kaum einer vorbei.

Tram 16/17: Schloss Nymphenburg

Hinter der Hecke

Krenn's Café 🕮 C 2

Gut für uns, dass Krenn's Café so versteckt zwischen Josephsplatz und Hohenzollernplatz liegt. Laufkundschaft verirrt sich selten in den großzügigen Garten oder auf eine der Sitzbänke im Fenster. Während im Hintergrund französische Chansons säuseln, bestellt man sich Rosenblütenschorle und Lavendelkuchen vom Goldrandteller. Ganz Aktive kraulen mal kurz die Hauskatze.

Hiltenspergerstraße 24, U: Hohenzollernplatz, tgl. 10–18 Uhr, Mo geschlossen

> Ü ÜBRIGENS
>
> Wem die ruhigen Ecken im Hofgarten immer noch zu überlaufen sind, der findet dahinter einen echten Geheimen Garten. Wenigen als **Dichtergarten** (🕮 E 5) bekannt, wird der Park mit der hohen Mauer drumrum von vielen Passanten ignoriert. Er wirkt entsprechend märchenhaft verwildert, aber auf eine gute Art. Die Statuen von Dichtern und Philosophen animieren dazu, sich mit einem Buch oder Schreibheft ins Gras zu setzen. Und es gibt sogar eine alte Grotte, die zu Ehren Heinrich Heines mit einer Bronzefigur und einem winzigen Brunnen ausgestattet wurde (U: Odeonsplatz, Galeriestraße).

Rhythmische Meditation

Regatta-Anlage Oberschleißheim 🕮 Karte 5

Im Sommer scheint Münchens Bevölkerung sich plötzlich zu verfünffachen – Isarstrand wie Eisbachufer werden zu Ameisenhaufen. Im zwei Kilometer langen Becken der Olympia-Regatta-Anlage bei Oberschleißheim darf man zwar nur im Bereich vor der mächtigen Tribüne schwimmen. Aber es gibt nichts Entspannenderes als sich vom Rhythmus der trainierenden Ruderer und Kanuten einlullen zu lassen. Außerdem ist ein kleiner Strand aufgeschüttet. Getränke, Cocktails und Snacks gibt es auch.

Aus dem Norden Münchens gut ausgeschildert mit dem Fahrrad zu erreichen.

Sissi auf der Erbse

Jetzt sind wir schon wieder beim Klischee. Wer sich noch an die Kult-Serie »Kir Royal« von Helmut Dietl erinnert – über den Klatschreporter Baby Schimmerlos in der Welt der Münchner Schickeria – überlegt wahrscheinlich gerade, ob für den München-Trip nicht auch ein Couchsurfing-Sofa völlig ausreicht. Unter Königs- und Prinzensuiten für einen Tausender pro Nacht machte es in Kir Royal schließlich Niemand.

Keine Sorge, in München gibt es inzwischen auch bezahlbare Betten mit ordentlichen Matratzen. Trotzdem ist es kein Geheimnis, dass die Mieten hier höher liegen als anderswo, ein wenig mehr Budget sollten Sie also besser einrechnen.

Der zweite Faktor ist die Saison. Zum Oktoberfest, aber auch wenn Messen anstehen, verdoppeln sich nicht nur die Zimmerpreise, sondern es wird generell schwierig eine Unterkunft in guter Lage zu finden. Deshalb am besten früh buchen oder antizyklisch reisen! Auf der anderen Seite lohnt sich gerade in München die Investition in ein luxuriöseres Etablissement, um sich wenigstens zwei Nächte lang wie Sissi oder der Märchenkönig zu fühlen.

Hip, herrschaftlich oder familiär-rustikal – das sind die drei Unterkunftskategorien in München. Typisch ist, dass sich sogar mitten in der Stadt Hotels im Grünen finden.

Auf jeden Fall auf gute Anbindung ans öffentliche Verkehrsnetz achten – Autofahrt und Parkplatzsuche in der Innenstadt sind nicht nur für Ortsfremde ein Graus.

FÜR ERLEBNISORIENTIERTE

Natürlich macht es den ganzen Trip angenehmer, wenn man in bester Lage übernachtet. Aber wer mit schmalerem Budget unterwegs ist, eher Wert auf Erlebnis legt und sowieso nicht vorhat, den ganzen Tag im Hotel zu verbringen, der kann durchaus auch außerhalb des Altstadtrings unterkommen. Denn das Verkehrsnetz ist super ausgebaut, auch frühmorgens kommt man mit Nacht-Bus oder Tram halbwegs zügig ins Bett.

›Deutsche Eiche‹ klingt konservativ – ist es aber nicht.

IM GRÜNEN

Für Fernost-Italos
Hotel Ritzi G 6
Aus der Tür heraus und in den Park ums Maximilianeum herum fallen, gleich dahinter die Isar und die Innenstadt: Das ist schon ziemlich nobel. Die Zimmer sind streng thematisch eingerichtet, der Mix wiederum ist wild: Rot, Karibik, Japan? Passend dazu gibt's im Restaurant italo-asiatische Küche und eine Art-Déco-Bar. Zum Sonntagsbrunch kommen auch Einheimische gern: Die Bandbreite reicht von Weißwurst über Roastbeef hin zu asiatischen Spezialitäten.
Maria-Theresia-Str. 2A, Bogenhausen, T 089 419 50 30, www.hotel-ritzi.de, U: Max-Weber-Platz, DZ ab 185 €

Für Spaziergänger
Gästehaus Englischer Garten G 1
Wo Schwabing zum Englischen Garten hin abfällt, steht seit 330 Jahren eine von Efeu umrankte Mühle… Klingt märchenhaft, oder? Aus der Zeit gefallene Pension mit Terrasse im Park und Bauernstuben-Charme. Katzensprung zum Kleinhesseloher See.
Liebergesellstr. 8, Schwabing, T 089 383 94 10, www.hotelenglischergarten.de, U: Münchner Freiheit, DZ ab 90 €

Für Nostalgiker
Carolin Garni F 3
Die Pension direkt am Englischen Garten liegt in der Straße mit den alten Häusern der Studentenverbindungen – und wird von der Inhaberin mit einer Begeisterung geführt, als ob es sich um eine Erstsemester-WG handelte.
Kaulbachstraße 42, Maxvorstadt, T 089 34 57 57, www.penson-carolin.com, U: Universität, DZ ab 100 €

SZENEGÄNGIG

Fürs Smalltalk-Portfolio
Cortiina Karte 2, E 6
Wo Lifestyle-Magazine ihre Fotostrecken shooten, kann es so schlecht

Im Ritzi ist jedes Zimmer ein Unikat.

nicht ausschauen. Aber das weltläufige Design-Konzept hält auch unter der Oberfläche nette Details parat: Jura-Naturstein in den Bädern, immer frische Blumen, Matratzen aus Naturkautschuk, Bettwäsche aus unbehandelter Baumwolle und Eichenparkettboden. Die Hotelbar ist ein Erlebnis für sich.
Ledererstraße 8, Altstadt, T 089 242 24 90, www.cortiina.com, U/S: Marienplatz, DZ ab ca. 225 €

Für Zentrierte
Hotel Stadt Rosenheim H 8
Klingt nicht sehr urban, aber das Haus aus dem Jahr 1890, das nach dem Zweiten Weltkrieg von den Amis als Soldatenunterkunft genutzt wurde, ist längst ein solides Design-Hotel. Zudem liegt es sehr gut angebunden am Ostbahnhof. Und mit den Haidhausener Kneipen in Laufnähe. Dabei nicht übertrieben teuer.
Orleansplatz 6a, Haidhausen, T 089 448 24 24, www.hotel-stadt-rosenheim.de, U/S: Ostbahnhof, DZ ab ca. 115 €

Für Queer-Denker
Deutsche Eiche Karte 2, D 7
Die Unterkunft hat sich zum Klassiker der queeren Szene entwickelt. Steht aber natürlich allen offen, die gern im angesagtesten Viertel der Stadt wohnen wollen und sich über einen großen

Saunabereich freuen. Von der rustikalen Fassade nicht abschrecken lassen, drinnen wird's moderner.

Reichenbachstraße 13, Gärtnerplatzviertel, T 089 383 94 10, www.deutsche-eiche.de, U: Sendlinger Tor oder Fraunhofer Straße, DZ ab 140 €

Für Freunde von Freunden-Fans
The Flushing Meadows D 8

Vermutet man so in New York, Berlin-Friedrichshain oder London-Notting Hill. Extrem durchdachtes Haus: Die Einrichtung der Studio-Lofts wurde von Szene-Lieblingen wie dem Musiker Michi Beck, dem Barmann Charles Schumann oder der tollen Schauspielerin Birgit Minichmayr mitgestaltet. Die Penthouses haben teils sogar eine eigene Dachterrasse. Wer nur mal gucken will, findet alle Hipster der Umgebung in der Rooftop-Bar mit so ausgefallenen Drinks in der Hand wie dem »Wanderlust Sour«.

Fraunhoferstraße 32, Gärtnerplatzviertel, T 089 55 27 91 70, www.flushingmeadowshotel.com, U: Sendlinger Tor oder Fraunhofer Straße, DZ ab 150 €

Für die Hipster-Crowd
H'Otello B'01 Karte 2, E 7

Von den vielen Apostrophen im Namen nicht abschrecken lassen, in den Zimmern geht's reduziert zu. Beruhigende Farben und Design-Klassiker: Vitra-Stühle im Frühstücksbereich, das überdimensionale »Schlangensofa« oder die Oluce-Leuchte »Atollo«. Aus unbekannten Gründen gilt es als erwähnenswert, dass sich das Smartphone automatisch mit dem Fernseher verbindet.

Baaderstraße 1, Gärtnerplatzviertel, T 089 45 83 12 00, www.hotello.de, S: Isartor, DZ ab 155 €

Für höhere Töchter
Hotel Mariandl B 7

Romantische Zimmer mit Stuckdecken und verschnörkelten Möbeln. Im Haus: das älteste Konzertcafé der Stadt mit erstklassiger Livemusik (Klassik, Swing, Funk) und süßen Leckereien.

Goethestr. 51, Ludwigsvorstadt, T 089 54 40 43 48, www.mariandl.com, U: Goetheplatz, DZ mit eigener Dusche ab 98 €

Einfach mittendrin
Pension Eulenspiegel C 7

In einem Hinterhof am Rande des Gärtnerplatzes bietet die Pension beste Lage ohne Chichi: simple helle Zimmer mit Holzböden und freundlicher Atmosphäre.

Müllerstraße 43a, Glockenbachviertel, T 089 26 66 78, www.pensioneulenspiegel.de, U: Sendlinger Tor, DZ ab 85 €

ORIGINELL

Für Individualisten
Hotel Olympic D 7

Von der perfekten Lage in einem der Gründerzeithäuser im Glockenbachviertel mal abgesehen, liegt der Charme des Olympics in seiner selbstbewusst eigenen Art: Fotoausstellung im Foyer, skurrile Kunstinstallationen mit von Gästen vergessenen Utensilien an den Flurwänden. Eine Inhaberin, die auf Mund-zu-Mund-Propaganda setzt, weil sie in der Kunstszene sowieso bestens vernetzt ist.

Hans-Sachs-Straße 4, Gärtnerplatzviertel, T 089 23 18 90, www.hotel-olympic.de, U: Sendlinger Tor oder Fraunhofer Straße, DZ ab 160 €

Für Spurensucher
Blauer Bock Karte 2, D 7

Ein Haus, das schon viel erlebt hat! Kein Wunder, schließlich liegt es mitten im Geschehen. Vor 400 Jahren saßen hier die Fuhrknechte beim Bier, der Parkettboden knarzt auch schon seit 200 Jahren. Aber wo früher einmal Mönche und Ritter wohnten, befinden sich heute komfortabel ausgestattete Zimmer mit allen Annehmlichkeiten der Moderne. Pluspunkte: Preis-Leistung-Verhältnis. Der Viktualienmarkt ist gleich um die Ecke.

Sebastiansplatz 9, Altstadt, T 089 23 17 80, www.hotelblauerbock.de, U: Sendlinger Tor, DZ ab 95 € mit Etagenbad

Für Kitsch-Resistente
Pension Gärtnerplatz D 7

König Ludwig hätte das kleine Haus unweit des Gärtnerplatz-Rondells geliebt: Jedes Zimmer ist individuell mit Alpenkitsch und im Romantikstil eingerichtet. Aber alles echte Antiquitäten, kein Plastik! Pluspunkt: Toplage.

Klenzestr. 45, Gärtnerplatzviertel, T 089 202 51 70, www.pensiongaertnerplatz.de, U: Fraunhoferstraße, DZ ab € 130

Für Geistreiche
Marienbad Garni C 5

Wer in einem der Zimmer im Landhausstil absteigt, träumt sich leicht ins Alte Schwabing als Freud, Clara Schumann oder Rainer Maria Rilke hier übernachtet und vor dem Zubettgehen vielleicht noch den ein oder anderen Geistesblitz niedergeschrieben haben.

Barer Straße 11, Maxvorstadt, T 089 59 55 85, www.hotelmarienbad.de, U: Königsplatz, DZ ab 120 €

SCHNÄPPCHEN

Für Nachtgestalten
Gspusi Bar Hostel Karte 2, C 7

Vom netten Namen mal abgesehen (ein Gspusi ist der, die, das Geliebte) bietet das Hostel ordentliche Zimmer zum günstigen Preis in bester Lage. Wer keine Nachteule ist, könnte allerdings Ohrstöpsel brauchen.

Oberanger 45, Altstadt, T 089 24 41 17 90, www.gspusibarhosTcom, U: Sendlinger Tor, DZ mit Gemeinschaftsbad ab 60 €

Für Sparfüchse
Bold Hotel H 10

Von den Architekten des hippen Flushing Meadows so schön eingerichtet, dass Gäste angeblich immer mal wieder was mitgehen lassen. Der für München sensationelle Zimmerpreis verdankt sich dem Konzept des Low-Budget-Design-Hotels und der nicht ganz zentralen Lage in Giesing. Um die Klauerei zu unterbinden, bietet das Bold inzwischen einen Online-Shop, in dem man fast alle Möbel und Accessoires des Hauses kaufen kann.

Aschauerstrasse 12, Giesing, T 089 200 01 59 14 00, www.bold-hotels.com, U/S: Giesing, DZ ab 64 € (bei Internetbuchung)

Unaufgeregt
Am Siegestor E 3

Kein Design-Highlight, aber gegenüber der Kunstakademie und mitten im Museumsviertel reicht nüchtern ja auch. Trotzdem ein solides Hotel, in dem man dem Alten Schwabing schön nachspüren kann. Der museale Lift jedenfalls ist ein kleines Abenteuer.

Akademiestraße 5, Schwabing, T 089 39 95 50, www.siegestor.com, U: Universität, DZ ab 75 €

Die Rooftop-Bar des Flushing Meadows verleiht München ein gewisses NYC-Feeling.

Schweinerei!? Von wegen.

Die Zeiten, in denen es in München nur Wirtshäuser gab, und dort zum Schweinsbraten mit Knödeln entweder Rotkohl oder Krautsalat als Gemüsebeilage gereicht wurden sind endgültig vorbei. Nicht falsch verstehen, gegen die traditionelle bayerische Küche ist nix zu sagen, außer eins vielleicht: Für Flexitarier ist sie mühsam, für Vegetarier taugt sie nichts und für Veganer gleich dreimal nicht.

Auf der anderen Seite haben die Italien-Sehnsucht der Münchner und die ersten Gastarbeiter schon früh die italienische Esskultur etabliert. Der Trend wechselte mit dem Angebot: Ein paar Jahre war es Indisch, dann das Sushi-Karussell, dann Thailändisch, dann Afghanisch, schließlich Vietnamesisch. Während man als Wirt aber lange nur mit Authentizität punkten konnte, ist auch in München neben der Bio-Vegan-trotzdem-lecker heute vor allem die experimentelle Fusion-Wohlfühlküche auf dem Vormarsch. Und endlich wird auch die Bayerische Küche nicht mehr so bierernst und schweineschmalzschwer genommen:

Die indifferenten Lieblingsphrasen der Münchner ›Fei scho‹ oder ›Ja mei‹ klingen ja auch beinahe schon asiatisch, weshalb sie natürlich längst die Speisekarten von zwei Restaurants zieren. Und keine Sorge, wer es pur und deftig mag, wird immer noch an vielen Orten glücklich, nicht nur am Viktualienmarkt mit seiner ewigen Wursttheke.

Für ›Fleischfresser‹ ist eine bayerische Brotzeit der Himmel auf Erden …

KNÖDEL TO GO

Endlich, endlich haben auch die Münchner Gastronomen entdeckt, dass Streetfood nicht nur Spaß macht, sondern auch existenziell ist für eine Großstadt – vor allem in den Ausgehbezirken. Currywurstbuden gibt's in dem Sinne zwar immer noch nicht wirklich: In München sieht auch ein Dönerladen beinahe wie ein Restaurant aus. Dafür sind die vorhandenen Etablissements oft mit besonders viel Liebe und Phantasie ausgestattet. Zielgruppengerecht befinden sie sich vornehmlich im Gärtnerplatzviertel.

SO BEGINNT EIN GUTER TAG IN MÜNCHEN

Sonnigwonnig

Königin 43 E 4

Dass die Königin direkt am Englischen Garten liegt, sieht man von der zugewucherten Terrasse kaum. Sonne gibt's trotzdem rund um die Uhr, die Atmosphäre ist tiefenentspannt. Und so geht ein Brunch hier schnell mal in den frühen Abend über.

Königinstraße 43, Maxvorstadt, T 089 33 12 62, www.barer61.de/konigin, U: Universität, tgl. ab 8 Uhr

Picknick mit Chic

Gartensalon E 3

Zwischen Blumentöpfen, Pflanzendeko, Gartenzwergen und dem einäugigen Hausmops Karla hört man die freilaufenden Hühner, die fürs Frühstücksei verantwortlich sind, beinahe gackern. Im Winter gibt es hilfreiche Getränke wie die Gartenapotheke oder die Wärmende Wilme.

Türkenstrasse 90/Amalienpassage, Maxvorstadt, T 089 28 77 86 04, www.gartensalon.net, U: Universität, Di–Sa ab 9, So ab 10 Uhr, Mo Ruhetag

Entspannt und ehrlich

Fortuna Cafébar G 8

Winziger Laden im Franzosenviertel auf zwei Ebenen mit minimalistisch-italienischer Einrichtung und ebensolchem Frühstück: Tramezzini, Toasts, Panini, frisches Bauernbrot, Croissants, Kuchen und Quiche. Sonntags großes Frühstücksbuffet. Gut und günstig.

Sedanstraße 18, Haidhausen, T 089 18 92 28 23, www.fortuna-cafebar.de, S: Rosenheimer Platz, Mo–Fr ab 8, Sa–So ab 10 Uhr

Mondäner Spagat ins Jetzt

Café Jasmin C 4

Bis auf die Espressomaschine hat sich die Einrichtung seit den Fünfzigern nicht geändert: Plüsch, Goldtapete, Rüschengardinen, Kronleuchter. Statt Tanzkapelle gibt's heute allerdings Britpop in Orson Welles Stammcafé. Neben dem veganen Energiefrühstück stehen traditionell Torten und Milchreis auf der Karte.

1950er-Jahre-Chic im Café Jasmin

Steinheilstrasse 20, Maxvorstadt, T 089 45 22 74 06, www.cafe-jasmin.com, U: Theresienstraße, tgl ab 10 Uhr

Passen die Schuhe zu meinem Espresso?

Man versus Machine Karte 2, D 7

Extrem-Urbanisten auf dem Weg zu ihrem besonders kreativen Job brauchen natürlich ein Frühstück, das mit Effizienz und Geschmack auf den Tag einstimmt: Stückchen selbst gemachter Kuchen plus handpolierte, in zelebrierten Arbeitsschritten aufbereitete Kaffeebohnen. Genug gelästert, schon ein echter (Augen-)schmaus da.

Müllerstraße 23, Gärtnerplatzviertel, www.mvsmcoffee.com, U: Fraunhoferstraße, Mo–Fr 8–18, Sa 9–19 Uhr

Kaninchenbau

Little Rabbit's Room G 7

Zwischen weiß lackierten Baumstämmen und Kunstfell kann man sich wie Alice im Wunderland fühlen und bei Zimtschnecken, Russischem Zupfkuchen oder Müsli vortrefflich den Tag vertrödeln. Außerdem gibt es im kleinen Bruder des »White Rabbit's Room« (Franziskanerstr.) eine feine Auswahl an skandinavischem Geschirr und Spielsachen.

Wiener Platz 6, Haidhausen, www.little-rabbits-room.de, S: Rosenheimer Platz, Mo–Sa 9–18 Uhr

SCHMANKERLN MIT ANLEITUNG

Pfennigmuggerl, Schmalznudeln, Obatzda und natürlich Bier, Brezen und Weißwurst mit süßem Senf – das sind die typischen Münchner Spezereien, die auf den Schmankerltouren in der Altstadt vom **Weißen Stadtvogel** angeboten werden. Locker, mit Humor und ein bisschen Anleitung, lernt man dabei sogar wie ein echter Münchner seine Weißwurst aus der Haut zu zutzeln. Wem das zu rustikal ist: Auch die Viktualienmarkt-Touren über jeweils acht verschiedene Marktstände sind empfehlenswert und ersetzen bei einem bunten Einblick ins Leben der Standl-Leute locker ein Mittagessen. Nette Anekdoten – auch für Münchner! (Info und Anmeldung: www.stadtvogel.de, tgl. außer So 11/13/15 Uhr, Dauer: circa 2 Stunden, Erwachsene 29 €, Kinder 14 €)

WO ESSEN AUF NACHHALTIGKEIT TRIFFT

Siebter Himmel für Vegetarier

Tian Karte 2, D 7

Neben leichtem Lunch gibt es im Tian abends die Wahl zwischen zwei zugegebenermaßen etwas überdreht betitelten kulinarischen Polen: »Dahoam / Heimat / Ursprung«, wobei Traditionelles wie Rotkohl mit brauner Butter, Petersilie und Haselnuss kombiniert wird. Und die moderne Karte »Emotion / Impuls / Instinkt«, auf der sich zum Beispiel rote Bete mit Miso und Sake trifft. Ein sechs Gänge-Menü kostet moderate 58 €.

Frauenstraße 4, Altstadt, T 089 885 65 67 12, www.www.taste-tian.com, U/S: Marienplatz, Mo 18–24 Uhr, Di–Sa 12–24 Uhr

Oldie mit Charme

Café Ignaz D 2

Lange galt das Café Ignaz als Geheimtipp, weil einziges Restaurant für ›Körnerfresser‹. Der dienstälteste Vegetarier der Stadt bietet nicht nur unglaubliche hundert! Gerichte wie die Meeresalgenpfanne mit Datteln und Gemüse zur Auswahl, sondern auch wechselnde Kunst an den Wänden und vegane Kuchen zu sehr fairen Preisen.

Georgenstraße 67, Maxvorstadt, T 089 271 60 93, www.ignaz-cafe.de, U/S: Marienplatz, Mo, Mi–Fr 11–22, Sa–So 8–22 Uhr, Di Ruhetag

Sozial verträglich

Röckl B 9

Im liebenswerten Dreimühlenviertel sitzt man nicht nur in netter Kneipenatmosphäre, isst ausgefallene vegane Salate oder Rind vom Lavagrill, sondern unterstützt dabei auch noch die Ausbildung von Jugendlichen aus schwierigen Verhältnissen zu Gastro-Experten. Zum Weitertrinken geht's dann ins Valentinstüberl ums Eck.

Isartalstraße 26, Isarvorstadt, T 089 45 21 71 29, www.roecklplatz.de, Bus 132: Röcklplatz, Mo–Sa 17.30–1 Uhr

Nachhaltig urig

Klinglwirt G 8

Die vermeintliche Grätsche zwischen Tradition und bewusster Ernährung gelingt dem Klinglwirt mit Links: Schwein, Rind und Lamm stammen aus biologischer und artgerechter Viehwirtschaft (nämlich von den Herrmannsdorfer Landwerkstätten) und auch bei allen anderen Zutaten ist Natürlichkeit und Regionalität wichtigstes Kriterium. Ansonsten ungezwungene bayerische Wirtshausatmosphäre.

Balanstraße 16, Haidhausen, T 089 85 67 61 99, www.klinglwirt.de, S: Rosenheimer Platz, Mo–Sa 17–24, warme Küche 18–22, So 11–23, Do Mittagstisch 11.30–14 Uhr

Dim Sum

Fei Scho D 7

In dem kleinen gläsernen Ecklädchen treffen sich Shabby Chic und asiatische Gerichte aus regionalen und saisonalen Produkten mit bayerischer Gemütlichkeit zu einem Stell-Dich-Ein. Von der traditionellen Pho-Suppe zum Tofu in Kokos-Minz-Zitronendressing.

Wenn Dim Sum auf Schweinebraten trifft, dann passt das ›fei scho‹!

Kolosseumstraße 6, Gärtnerplatzviertel, T 089 55 06 22 99, www.feischo.com, U: Sendlinger Tor, Mo–Fr 11.30–22, Sa 13–22 Uhr, So Ruhetag

L.A. Lifestyle

Gratitude D 3

Köstliche und raffinierte Rohkost-Kreationen, wie sie die Schauspielermodels in Kaliforniens gleichnamigem In-Gesundheitstempel in ihre schönen Körper gabeln, gibt es hier in passendem Ambiente im Uni-Viertel. Wir sind so dankbar.

Türkenstraße 55, Maxvorstadt, T 089 88 98 21 74,www.gratitude-restaurant.de, U: Universität, Di–Sa 12–15 und 18–24, So 18–24 Uhr

Wenn's eh schon Wurscht ist

Finespitz's Karte 2, D 7

Es mag seltsam sein, Veganern einen Imbiss zu empfehlen, der Wurstliebhabern als bester Hot Dog-Laden Münchens gilt. Aber das Finespitz's hat tatsächlich sogar die vegane Variante in diversen Kombinationen parat – und das Verzehren auch einer solchen Pseudowurst als Dämmmaterial kann des Nachts im Glockenbach eine lebensrettende Maßnahme sein.

Müllerstraße 17, Gärtnerplatzviertel, U: Sendlinger Tor, Mo–Do 12–23.30, Fr–Sa 12–3 Uhr

Flüssignahrung

Super Danke! D 4 und D 8

Wer es gewohnt ist, morgens Kraut, Datteln und Karotten durch den Mixer zu jagen und ohne seinen täglichen Smoothie nicht mehr leben kann, bekommt seinen Soul-Super-Wellness-Detox-Becher im Super Danke! in

BROTZEIT

Brotzeitmachen ist eine der Lieblingsbeschäftigungen der Münchner, unabhängig von der Tageszeit. In vielen Lokalen findet sich ein Brotzeitteller, und auch im Biergarten oder beim Picknick im Englischen Garten packt man eben diese aus: Im Prinzip kann zu Brot, Brezn oder der Semmel alles gereicht werden, was herzhaft ist. Vom Wurstsalat über die Käseplatte mit dem typischen Obatzdn (zerdrückter Camembert mit Butter, Zwiebeln, Paprika und Kümmel), Radieschen, oder Radi (rohem Rettich) aber auch deftigeren Fleischspezialitäten wie Ochsenmaulsalat, Presssack oder Leberkäs.

B
BREZN

Münchner reagieren nicht nur allergisch auf Menschen, die zu Semmeln ›Schrippen‹ oder ›Brötchen‹ sagen, sondern mögen es auch nicht, wenn die geliebte **Bayerische Brezn** zur ›Brezzl‹ oder ›Prezel‹ verkommt. Selbst mit der nah verwandten Schwäbischen Brezel wollen sie ihr Leibgebäck nicht verwechselt sehen. Das ist sogar in einem Amtsblatt festgehalten: So sind einmal die Ärmchen dicker als bei einer Schwäbischen Brezel. Eine »gerissene Oberfläche« sei indes ein »typisches Merkmal der Bayerischen Breze«, weil sie im Gegensatz zu den Schwäbischen Brezeln in der dicken Mitte nicht längs eingeschnitten werden. Vor allem die Form sei erkennbar anders: »Während bei schwäbischen Brezeln der Ansatz der Ärmchen sehr tief liegt und dadurch der obere Bogen als Bauch bezeichnet werden kann, sitzt er bei den typischen bayerischen Brezen deutlich höher.« Alles klar?

Schwabing oder dem Glockenbach. Dass hinter den Entgiftungskuren ausgerechnet die Nachteulen des Elektro-Klubs Bob Beaman stecken, riecht nach Verschwörungstheorie.

Türkenstraße 66, Maxvorstadt, U: Universität, und Fraunhoferstraße 32, Glockenbachviertel, U: Fraunhoferstraße, www.superdanke.com, Mo–Fr 8–18, Sa 10–18, So 11–16 Uhr

INSTITUTIONEN UND SZENE-TREFFS

Trendzwitter

M.C. Mueller Karte 2, D 7

In Münchens selbsternanntem Burger-Club Nummer Eins haben schon Deichkind und die Foo Fighters Bio-Burger verdrückt, um sich die Kalorien danach stantepede vom Leib zu tanzen. Eine Bar gibt's auch. Der ganze Spaß befindet sich natürlich im Glockenbachviertel.

Fraunhoferstraße 2, Gärtnerplatzviertel, T 089 18 91 00 39 00, www.mcmueller.org, U: Fraunhoferstraße, Mo–Do 18–1, Fr–So 18–3 Uhr

Al Bavarese

Bar Centrale Karte 2, E 6

Wer die Italien-Sehnsucht der Münchner bereits adaptiert hat und wem lässig lieber als schnieke ist, der wird sich in der authentischen Bar Centrale mit den italienischen Jungs dahinter, dem steifen Milchschaum und der bissfesten Pasta wohl fühlen.

Ledererstraße 23, Altstadt, T 089 22 37 62, www.bar-centrale.com, U/S: Marienplatz, Mo–Sa 7.30–1, So 9–24 Uhr

Glockenbach-Inventar

Hey Luigi C 8

Günstiger, schmackhafter Mittagstisch inmitten der typischen Glockenbach-Crowd in gemütlichem Ambiente. Hausgemachter Schweinsbraten und Riesenpasta-Teller: guter Platz zum Leutegucken.

Holzstraße 29, Gärtnerplatzviertel, T 089 46 13 47 41, www.heyluigi.de, U: Sendlinger Tor, Mo–Fr 12–1, Sa 17–1, So 17–24 Uhr

Bajuwahr

Burg Pappenheim E 7

Wenn Münchner Berliner zu Besuch bekommen, nehmen sie die gern ins Burg Pappenheim mit: Extrem zünftiges Essen, aber trotzdem irgendwie schräg-intellektuell. Das Gebäude ist eines der wenigen Vorkriegs-Originale.

Baaderstraße 46, Gärtnerplatzviertel, T 089 20 01 90 30, www.gaststaette-pappenheim.de, U: Fraunhoferstraße, Mo–So 11–1 Uhr

Für Authentophile

J-Bar B 8

Das Essen in der J-Bar ist trotz des verwegenen Namens so durch und durch original japanisch, dass man im kleinen Gastraum oft nur mit Japanern zusammensitzt. Auf einem Schild steht eine schüchterne Entschuldigung, dass es kein Sushi gibt. Gut so. Welche Art von Hausmannskost hier auf den Tisch kommt, ist für Laien schwer identifizierbar, aber umso mehr Spaß macht es, sich durchzukosten.

Maistraße 28, Isarvorstadt, T 089 51 46 99 83, www.j-bar.jimdo.com, U: Goetheplatz, Mo–Fr 12.30–14.30, Mo–So 18.30–23.30 Uhr, Mittwoch Ruhetag

Schlaraffenladen

Occam Deli F 1

Deli steht natürlich für Delikatessen: Aus der New York Lower East Side kennt man diese Leckereien-Geschäfte. Pastrami-Sandwich auf die Hand – oder mal kurz an den Bistro-Tisch setzen. Fastfood für Kultivierte gewissermaßen. Das Occam Deli sieht dazu noch hübsch aus.

Feilitzschstraße 15, Schwabing, T 089 38 346 346, www.occamdeli.com, U: Münchner Freiheit, Mo–Fr 8–1, Sa–So 9–1 Uhr

Holla, die Waldfee

Der Hollabusch nordwestl. A 4

Heller Shabby Chic, Wandfliesen, Goldrandteller: Der Hollabusch ist äußerlich ein Mädchen-Café, hat aber keineswegs nur Törtchen im Angebot: Abends gibt's hier Schweinsbraten, Rindsrouladen, Spätzle und andere burschikose Schlemmereien.

Schulstraße 34, Neuhausen, www.derholla busch.de, 089 13 01 16 52, U: Rotkreuzplatz, Mo–Fr 17–24, Sa 10–17 Uhr

Out of the box

Bazi's Schlemmerkücherl Karte 2, C 7

Wider alle Stereotypen: Ein Perser und ein Türke bieten Schweinsbraten mit Knödeln in der Asia-Nudelbox zum Mitnehmen an, beziehungsweise Fleischpflanzerl und andere urbayerische Spezialitäten in der To-Go-Variante. Dass auch waschechte Münchner den Laden lieben, spricht für sehr gute Rezepturen und krachende Krusten! Am Wochenende gibt's die Bazi-Box sogar bis in den frühen Morgen.

Müllerstraße 43, Gärtnerplatzviertel, 089 85 63 57 85, www.facebook.com/Bazibox, U: Sendlinger Tor, Mo–Do 10–24, Fr 10–5, Sa 16–5 Uhr

Schmausen und ratschen im Hollabusch

Heiß und heftig

Schnelle Liebe C 7

Wenn man in der winzigen Burger-Bar mal einen Platz findet, behält man ihn bis in den Morgen. So lang werden hinter der Theke Burger und Focaccia gebrutzelt und »Liquid Cocaine« ausgeschenkt. Der Zaubertrank im Stamperl (Schnapsglas) ist die Geheimwaffe der Glockenbach-Crowd: Wodka mit kaltem Zucker-Espresso. Hilft sehr beim Weiterziehen durch die Nacht.

Thalkirchnerstraße 12, Gärtnerplatzviertel, T 089 21 57 87 52, U: Sendlinger Tor, Mo–Do 17–1, Fr–Sa 17.30–3, So 16.30–24 Uhr

Neu aufgelegt

The Italian Shot D 4

Italiener gibt's in München schon seit den Achtzigern wie Kiesel in der Isar. Die Macher des Italian Shot haben deshalb beschlossen, ihren Pizzen einen neuen Dreh zu geben. Das ist gelungen: Der Laden in Schwabing ist liebevoll im Stil von New Yorker Pastaläden gestaltet. Die Pizzen zieren Rote Bete, Minz-Chili-Pistazien-Pesto, Südtiroler Speck, Birnencarpaccio oder Pinienkerne.

Theresienstraße 40, Maxvorstadt, www.italianshot.de, 089 45 21 49 77, U: Universität, Mo–So 18–1 Uhr

Glückliche Mischung?

ISSES D 2

Auch das ISSES will weder Küche noch Bar sein, sondern gleich beides, plus manchmal ein Tanzlokal. Zudem liegt es im Souterrain eines Wohnhauses. Ebenso angenehm unschlüssig ist das Essen: Irgendwie mexikanisch inspiriert, aber auch libanesisch und indisch. Und vegan. Während die Einrichtung eher skandinavisch wirkt. Egal, Ziel ist es sowieso nur, den Besuchern keinen Grund zu geben, die Bar zu verlassen. Jeden Samstag spielen wechselnde DJs Old School Hiphop.

Elisabethstraße 12, Schwabing, www.isses.eu, T 089 27 37 33 81, U: Hohenzollernplatz, Di–Do 18–24, Fr–Sa 18–2 Uhr

EXPERIMENTIERFREUDIG UND UNGEWÖHNLICH

Der Name sagt`s

Götterspeise D 8

Wackelpudding gibt es hier zwar nicht, aber alle anderen Köstlichkeiten, die sich die Götter da oben angeblich den ganzen Tag in den Mund löffeln. Handgemachte Pralinen, Zuckerware, Kaffee dazu. Zum Mitnehmen – oder vor Ort genießen.

Jahnstraße 30, Gärtnerplatzviertel, T 089 23 88 73 74, www.goetterspeise-muenchen.de, U: Sendlinger Tor, Mo–Fr 8–19, Sa 9–18 Uhr

Perfekte Welle

Arts 'n' Boards E 1

Wirt Ulrich Richter ist Galerist und passionierter Surfer – und letzteres schon sehr lange, denn ganz jung ist der Wirt nicht mehr: Er eröffnete in Frankreich die erste deutsche Surfschule Europas. Sein Schwabinger Lokal ist also eine Art Surfer-Bar für Arrivierte. Fingerfood wird hier schon mal auf dem Skateboard gereicht. Oldschool-cool, mit Surfbrettern und Gemälden an den Wänden und einer Galerie im Haus. Aber vor allem originellen Kreationen aus allerhand Kulturkreisen auf dem Teller.

Belgradstraße 9, Schwabing, T 089 30 65 84 90, www.arts-and-boards.de, U: Hohenzollernplatz, Mo–Mi 10–24, Do–Sa 10–1, So Brunch 10–16 Uhr

Vier Kugeln sind auch ein Schnitzel

Der verrückte Eismacher E 3

Frech, hier eine Eisdiele zu den Restaurants zu stellen, aber wenn nun mal Sorten wie Augustiner-Bier, Schweizer-Wurstsalat oder Mozzarella-Basilikum zur Auswahl stehen! Manche Kompositionen fordern Geschmacksknospen wie Ernährungsgewohnheiten, zum Beispiel Flip: das Heuschreckeneis. Andere sind einfach nur lecker.

Amalienstraße 77, Schwabing, www.facebook.com/derverrueckteeismacher, U: Universität, Mo–Sa 11.30–20.30, So 12.30–20.30 Uhr

Im schönen Götterspeise-Lädchen stapeln sich die süßen Köstlichkeiten.

Von der Hand in den Mund

Blue Nile D 1

Vor zehn Jahren war es noch eine ziemliche Sensation: Im Blue Nile sitzt man am Boden! Und isst mit den Händen! Heute gehört der Äthiopier längst zum Standard-Adressen-Sortiment mit seinen fluffigen Sauerbrotfladen, mit denen man Ragouts und würzige Soßen direkt von der Platte wischt. Dazu schlürft man Honigwein.

Viktor-Scheffel-Str. 22, Schwabing, 089 33 03 99 87, Tram 27: Kurfürstenplatz, tgl. 18–24 Uhr

Darf's bei Ihnen vielleicht eine Kugel Heuschreckeneis sein?

Hindukuschlig

Chopan nordwestl. A 5

Feine Afghanen gibt es einige in München. Besonders gut schmeckt's in der Wohnzimmeratmosphäre des Chopan. Unbedingt probieren: Borani Kadoo, süß-pikante Kürbiswürfel mit Knoblauchquark und Fladenbrot. Der Familienbetrieb sitzt etwas ab vom Schuss, aber lässt sich gut mit einem Nymphenburg-Besuch verbinden.

Elvirastraße 18a, Neuhausen, www.chopan.de, 089 18 95 64 59, U: Mailingerstraße, tgl. 18–24 Uhr

Tacheles(sen)

Schmock C 4

Im Schmock feiert man den bekanntermaßen gern provokanten jüdischen Humor, und nimmt sich überhaupt selbst nicht so ernst: Auf die Kampagne »Deutsche, esst beim Juden« folgten die »IS-Freien Wochen«, in denen Gäste schon mal mit dem »P..ssoir« vorliebnehmen mussten. Das Essen dagegen wird sehr ernst genommen. Deswegen ist auch die Einrichtung elegant genug, um nicht abzulenken von der feinen israelischen Küche mit ihren dezenten arabischen Einschlägen.

Augustenstraße 52, Maxvorstadt, www.schmock-muenchen.de, T 089 52 35 05 35, U: Königsplatz, tgl. 18–1 Uhr, So Ruhetag.

Ü
ÜBRIGENS

Die Münchner **Weißwurst**, von der FAZ einst so schön als »fleischgewordener Ausdruck bayerischer Abgrenzungsbedürfnisse« beschrieben, soll im Gasthaus »Zum ewigen Licht« erfunden worden sein. Damals eine düstere Kaschemme an der Südseite des Marienplatzes. Als dem Wirt die Schafsdärme für seine Kalbsbratwürstl ausgegangen sind, brachte ihm der Lehrling stattdessen die sehr viel zäheren und größeren Schweinedärme. In seiner Not füllte er sie dennoch mit Brät. Aus Sorge, sie platzen in der Pfanne, brühte er die Würstl stattdessen in heißem Wasser. Seine Gäste waren begeistert und München um ein Schmankerl reicher.

Happy Dumplings

Le Du C 3

Weit entfernt von den ehemals typischen fettigen China-Imbissen nach deutschem Maggi-Geschmack gibt sich das Le Du mit seinen Happy Dumplings. Aus frischen Bio-Zutaten wählt der Gast Teig, Zubereitung und Füllung für seine Lieblings-Kombi. Und sieht anschließend bei der Zubereitung zu. Weil es so gut schmeckt, muss man an den langen Holztischen die Ellenbogen oft nah am Körper halten. Die Einrichtung ist eher clean als authentisch – oder was wir Westler dafür halten –, im Gegensatz zu Inhaber Hui Xu.

Theresienstr. 81, Maxvorstadt, www.ledu-dumpling.de, T 089 95 89 84 60, U: Universität, Mo–Fr 11.30–21.30, Sa 12–22 Uhr

Wie in Bangkok

Manam F 8

Das winzige thailändische Ladenlokal ist immer gestopft voll. Im Streetfood-unfreundlichen München ein echtes Highlight.

Rosenheimerstraße 34, Haidhausen, www.manamthaifood.com, T 089 45 86 78 94, S: Rosenheimer Platz, Mo–Sa 11–21 Uhr

SCHON MAL GELIEBTES

Die wenigen guten Secondhäden-Läden sind arg verteilt übers Stadtgebiet, deswegen lohnt es sich gerade für Klamotten, Ledertaschen oder Platten sehr, den Midnightbazar respektive Nachtflohmarkt anzuvisieren: Münchner bringen ihren Fundus, es gibt Snacks und Getränke und Musik. Beide finden regelmäßig statt, manchmal sogar am selben Abend an verschiedenen Locations.

Vorzüglich und zügellos

Keine Frage, die Münchner sind nicht unbedingt konsumverdrossen. Und bei dem Angebot ist das auch nicht verwunderlich. Die beiden Shopping-Hauptachsen im Zentrum sind unübersehbar: Die Kaufingerstraße mit ihrem Ausläufer Richtung Sendlinger Tor sendet unverdrossen die Lockrufe der üblichen Verdächtigen aus, während die Theatinerstraße zwischen Marienplatz und Odeonsplatz auf dicke Hose macht. Von der Maximilianstraße um die Ecke gar nicht erst zu reden.

Clean-schwedisch-hip über antik bis verspielt und ab und an erstaunlich hanffaserig, man ahnt es schon, sehen die Schaufenster im Gärtnerplatzviertel aus: Mode, Antquitäten, Geschenke und Accessoires. Hier lohnt es sich, gemütlich alle Straßen abzuklappern, schließlich gibt es genug Cafés zum Ausruhen oder Frisöre zum zwischendrin Haareschneiden, wenn einen der Neuer-Look-Neues-Leben-Koller überfällt.

Wer sich gerade rausgewachsen fühlt aus dem Glockenbach-Geschmack, der wird wahrscheinlich in Haidhausen gegenüber fündig.

Schick bis flippig sind die Boutiquen im Studentenviertel zwischen Leopold-, Hohenzollern-, Amalien-, Schelling- und Türkenstraße.

Neuhausen-Nymphenburg dagegen deckt vor allem die Schöner Wohnen und Do-it-Yourself-mit-Geschmack-Ecke ab.

Newcomer und Oldtimer gibt's im Westend.

Dallmayr – Haus der 8500 verschiedenen Delikatessen

MUSIK

Lokalmatador

Optimal D 7

Einer der wenigen Plattenläden, die sich aus den Achtzigern gehalten haben. Wer Vinyl mag, kann hier stundenlang stöbern und findet nicht nur quer durch die Genres alles, was man haben muss – sondern auch Second Hand-Platten und Zeitschriften. Große Auswahl an Münchner Labels wie Gomma, Pastamusik, Disko B oder Compost. Als Fundgrube auch unter auswärtigen DJs bekannt.

Kolosseumstrasse 6, Gärtnerplatzviertel, www.facebook.com/optimalrecords, U: Sendlinger Tor, Mo–Fr 11–20, Sa 11–17.30 Uhr

Gut aufgelegt

Gutfeeling Recordstore C 7

Gutfeeling ist ein Münchner Label, das sich praktischerweise einen eigenen Laden hält. Hier findet man Ausgefallenes, Eigenwilliges und Neo-Bajuwarisches – natürlich auch aus eigener Produktion, zum Beispiel: Kofelgschroa, The Irrigators und Mama Rosin.

Maistraße 1, Isarvorstadt, www.gutfeeling.de, U: Sendlinger Tor, Mo–Do 14–19 Uhr

Jazz, Jazz, Jazz

Ludwig Beck Karte 2, D 6

In der fünften Etage des Luxuskaufhauses befindet sich nicht nur die preisgekrönte und größte Klassik- und Jazz-Sammlung Europas, sondern es gibt auch ein Schallplatten-Antiquariat und sehr beschlagenes Personal.

Marienplatz 11, Altstadt, www.kaufhaus.ludwigbeck.de, U/S: Marienplatz, Mo–Sa 9–20 Uhr

DELIKATESSEN UND LEBENSMITTEL

Gourmetsafari Teil 1

Dallmayr Karte 2, E 6

Muss man eigentlich nicht mehr dazu sagen. Den Namen des größten Delikatessengeschäfts Europas kennt jedes Kind. Einen Trip durch diesen altehrwürdig anmutenden Tempel des guten Geschmacks muss man einmal erlebt haben: In den heiligen Hallen gibt es allein 250 handverlesene Sorten Käse!

Dienerstraße 14/15, Altstadt, www.dallmayr.de/delikatessenhaus, U/S: Marienplatz, Mo–Sa 9.30–20 Uhr

Ludwig Becks »Kaufhaus der Sinne«

Gourmetsafari Teil 2

Feinkost Käfer H 5

Weniger Ehrfurcht einflößend und moderner als der Dallmayr, trotzdem pflegt die Familie Käfer eine lange Feinkost-Dynastie. Thronfolger Michael Käfer hat sich das Erbe übrigens hart erarbeitet, unter anderem mit dem Erfolg seines eigenen Babys: der Nobel-Disse P1.

Prinzregentenstraße 73, Altstadt, www.feinkost-kaefer.de, U: Prinzregentenplatz, Mo–Sa 9.30–20 Uhr

Bittersüßsalzig

1001 Sense Karte 2, E 6

Wem Vollmilch oder Zartbitter schlicht zu langweilig sind, der findet in diesem Schokoladenfachgeschäft die seltensten und seltsamsten Sorten aus aller Welt, von Bali bis Vietnam.

Lederer Straße 10, Altstadt, www.1001sense.com, U/S: Marienplatz, Mo–Fr 10.30–19.30, Sa 10.30–18.30 Uhr

Ananas bis Veilchenblüte
Spanisches Fruchthaus Karte 2, D 6

Kandieren, trocknen, glacieren. Was man mit Obst vor dem Vernaschen alles anstellen kann, lernt man in diesem winzigen, alteingesessenen Ladengeschäft im auffälligen Ruffinihaus. Ananas und Co. wirken hier immer noch so exotisch wie zu Zeiten, als Früchte noch nicht zu jeder Jahreszeit aus Übersee eingeflogen wurden.

Rindermarkt 10, Altstadt, U/S: Marienplatz, Mo–Fr 9.30–18.30, Sa 10–16 Uhr

FLOH- UND STRASSENMÄRKTE

Von wegen früher Vogel!
Midnightbazar/Nachtkonsum

Keine Ausreden mehr für genervte Begleiter. Gleich zwei Anti-Argumente fegen die Veranstalter der beiden Flohmarktreihen vom Tisch: Frühaufstehzwang und Schlechtes Wetter. Stattdessen kann man auch noch am späten Abend ein Schnäppchen schlagen. Beide Märkte sind überdacht, der Midnightbazar von der beeindrucken Kuppel des wunderschön funktionell designten Postpalasts aus den Zwanzigern. Ein ›Pantheon für Postpakete‹ beschrieb ein Architekturkritiker einst das ehemalige Paketamt.

Jeweils 2-wöchentlicher Nachtflohmarkt in wechselnden Locations: www.midnightbazar.de, Eintritt 3 € / 17–24 Uhr und www.nachtkonsum.com, Eintritt 3 € / 17–23 Uhr

Gigantomanisch
Riesenflohmarkt A 7

Dass der Flohmarkt auf der Theresienwiese so ein Ereignis ist, liegt einerseits daran, dass er leider, leider nur einmal im Jahr stattfindet, nämlich am ersten Samstag des Frühlingsfestes. Zweitens an den Ausmaßen: Wenn das Wetter mitspielt, kommen bis zu 20.000 Besucher auf das Gelände und stöbern in den Waren von über 2000 Verkäufern!

mehr Termine unter: www.flohmarktmuenchen.com

Hier findet jeder seinen Topf
Auer Dult E 8

Antiquitäten vom Nachttopf bis zum Bauernschrank, vor allem aber Unmengen an Porzellan, Keramik und Haushaltszubehör werden auf der Auer Dult dreimal im Jahr angeboten. Die Sprüche der Marktschreier haben einen eigenen Unterhaltungswert. Drumrum gibt's Essen und Fahrgeschäfte.

Die Auer Dult gilt als der größte Geschirrmarkt Europas.

Mariahilfsplatz, www.auerdult.de, jeweils 9 Tage im Mai, August und Oktober

GESCHENKE, DESIGN, KURIOSES

Kitsch, ganz cool

Obacht Karte 2, E 6

Das Konzept: Bajuwarika, quietschbunt, neu interpretiert, mit einem Hauch Ironie, zu 100 % Prozent in der Heimat hergestellt. ›Obacht!‹ sagen die Bayern, wenn sie meinen: ›Aufgepasst!‹

Lederer Straße 17, Altstadt, www.obacht-shop.de, U/S: Marienplatz, Mo–Sa 10–19 Uhr

Bunter Haufen

Siebenmachen F 10

Wenn sich sieben Etsy-Gestalterinnen in einem Laden zusammentun, kommt eine niedliche Ausstellungsfläche mit allerhand hübschen Haben-Will-Dingen dabei heraus, Workshops bieten die kreativen Sieben auch an.

St. Bonifatiusstraße 20, Giesing, www.siebenmachen.de, U: Kolumbusplatz, Di/Mi/Fr 14–19, Do 14–20, Sa 11–19 Uhr

Schmuck, schmuck

Perlerie nordwestl. A 4

Glasperlen, Silberperlen, Keramikperlen, ganz andere Perlen, Seidenbänder, Lederschnüre, Verschlüsse… und sehr viel Passion sind in den kleinen Laden gepackt. Außerdem unglaublich nette Beratung und Workshops zu allen Schmuckfragen.

Volkartstraße 17, Neuhausen, www.perlerie.net, U: Rotkreuzplatz, Mo–Fr 10–13.30 und 15–18.30, Sa 10–14 Uhr

Punkt, punkt, komma, strich

Semikolon D 2

Es soll Leute geben, die fühlen sich zwischen Notizbüchern, Klebezetteln, Faltordnern, Stiften und Karteisystemen – kurz: in der Papeterie – wie andere im Pralinengeschäft. Noch schlimmer wird der unkontrollierte Hamsterkauf, wenn handgemachte Briefumschläge und ausgefallenes Geschenkpapier dazukommen.

Hohenzollernstraße 65, Schwabing, www.semikolon-onlineshop.com, U: Hohenzollernplatz, Mo–Fr 10–19, Sa 10–16 Uhr

Krimskrams

Himmelblau nordwestl. A 4

Teils sehr praktische, teils völlig überflüssige Dinge, die das Leben zwischen Küche und Balkon aufhübschen. Was man eben unbedingt braucht, wenn man man grad gar nix braucht.

Nymphenburgerstr. 179, Neuhausen, T 089 16 23 08, U: Rotkreuzplatz, Mo–Fr 10–13 und 15–19, Sa 10–15 Uhr

Leipziger Allerlei

Tschau Tschüssi D 10

Der Name verweist schon auf eine gewisse Exotik. Ein Münchner würde niemals

T
TRACHT

Ein bisschen albern ist die alljährliche Diskussion um **Tracht und Tradition** ja schon. Darf man Sneakers dazu tragen? Sind Wanderstiefel die bessere Alternative, wenn man keine Haferlschuhe im Schrank hat? Ist es dem Nicht-Münchner erlaubt, ein **Charivari** (massive Schmuckkette für den Hosenlatz mit herabbaumelnden Absonderlichkeiten wie Tierklauen, Münzen oder Edelsteinen) anzulegen? Denn: Dass alle Welt sich in Lederhosen und Dirndl schmeißt zur Wiesn, hat mit Tradition nicht viel zu tun. Gerade das **Dirndl** war im 19. Jh. das praktische Arbeitsgewand junger Mägde. Historisch korrekt sind sie deshalb einfarbig und ohne Schnickschnack. Das Kleid musste strapazierfähig sein. Aufgemotzt wurde das Dirndl erst um 1930, als Städterinnen, die zur Sommerfrische in die Berge reisten, den Look nachahmten. Nur eins ist sicher überliefert: die Schürzenregel. Schleife rechts bedeutet, dass die Frau fest verbandelt ist. Links signalisiert sie, dass man noch zu haben ist. Ach so: Ein Holzfällerhemd gilt nicht mal dem tolerantesten Münchner als trachtengängig. Dann lieber gleich ein T-Shirt.

Tschüssi sagen! Trotzdem kann sich die Stadt sehr glücklich schätzen, dass dieser Laden sich nach einer kurzen Testphase als Pop Up-Store nicht wieder in die Leipziger Heimat der Besitzerin verabschiedet hat. Das Tschau Tschüssi ist ein Konzept Store, in dem Jungdesigner ihre Objekte in kleinen Stückzahlen verkaufen können. Allerlei individuelle Geschenkideen in jeder Preisklasse, die man sich am liebsten doppelt zulegen würde, um ein Exemplar selbst nach Hause zu nehmen.

Birkenau 2, Giesing, www.tschautschuessi.bigcartel.com, U: Kolumbusplatz, Di–Fr 12–20, Sa 11–18 Uhr

Lastminute

Unikat-Automat B 5

Manchmal sieht man mitten im Gewusel am Hauptbahnhof Leute in der Bewegung innehalten und umdrehen – plötzlich haben sie den Geldbeutel in der Hand, scheinbar alle Zeit der Welt und starren sehnsüchtig auf einen Automaten unter der Rolltreppe. Hinter der Glasscheibe steckt in kleinen Fächern allerhand hübscher Tand: Täschlein, Schmuck, Korkenzieher. Regelmäßig wird der Automat mit den Werken von Münchner Kreativen bestückt: Mitbringsel rund um die Uhr für wenig Geld, Winwinwin-Situation!

Eingangshalle des Münchner Hauptbahnhofs, unter der Rolltreppe

Da guckst du

Soda Books Karte 2, D 7

Wer internationale Magazine und Bücher aus den Bereichen Kunst, Illustration, Grafik und Design, Streetart, Architektur und Fotografie liebt, muss ins Soda Books. Überwältigende Auswahl in puristisch gehaltener Übersichtlichkeit.

Rumfordstraße 2, Glockenbachviertel, U: Fraunhoferstraße, www.sodabooks.com, Mo–Fr 10–19, Sa 10–18 Uhr

MODE UND ACCESSOIRES

Öko, Fairtrade, verdammt schick

Glore E 7

Die Zeiten, in denen Klamotten aus ökologisch und sozial vertretbar hergestellten Bedingungen formlose Ungeheuer waren, sind natürlich längst vorbei. Eine feine Auswahl der hipsten Marken und Modelle hängen im Glore Store an der Stange. Von Casual zu High Fashion, nicht günstig aber dafür mit gutem Gewissen.

Baaderstraße 55, Gärtnerplatzviertel, www.glore.de, U: Fraunhoferstraße, Mo–Fr 11–19.30, Sa 11–19 Uhr

Vegan, fair, verspielt

Dear Goods C 8

Im Dear Goods gibt's Streetstyle von mittelpreisigen Marken wie Armed Angels, People Tree, Wunderwerk, Knowledge Cotton Apparel oder Sea Salt. Der Anspruch: Lieb zu Mensch, Tier und Natur zu sein – und trotzdem wohl gekleidet.

Am Glockenbach 12, Gärtnerplatzviertel, www.deargoods.com, U: Fraunhoferstraße, Mo–Fr 11–19, Sa 10.30–18 Uhr

Zu gut für diese Welt

Isargold B 8

Edler könnten Ansinnen und Stoff kaum sein. Das junge Münchner Label liefert schlichte, raffinierte Mode für Kinder aus in jeder Hinsicht nachhaltig produzierten Materialien. An der Produktion sind Menschen mit Handycap beteiligt. Stücke in ordentlichem Zustand, die zu klein geworden sind, werden zurückgenommen. Der Kunde darf sich dann etwas Größeres aus der Kollektion aussuchen.

Häberlstraße 15 A, Isarvorstadt, www.isargold.org, U: Goetheplatz, Mo 10–15, Di 10–19, Mi 10–14, Do 10–19 Uhr, Fr geschlossen

Maßarbeit

Antonetty D 8

Wer das Schaufenster von Antonettys Lederwerkstatt passiert, kann nicht anders als hingucken. Einmal sind daran die sehr bunten und sehr hübschen Börsen, Täschlein, Taschen, Gürtel und Jacken Schuld. Zum zweiten kann man der Meisterin und ihren Helferinnen beim Arbeiten zugucken. Verführerisch ist auch die Möglichkeit Farbe von Leder und Reißverschluss nach Wunsch zu ordern.

Der Name Glore kommt von »globally responsible fashion«.

Klenzestraße 56, Gärtnerplatzviertel, www.antonetty.de, U: Fraunhoferstraße, Di–Fr 11–19, Sa 11–15 Uhr

Für Gipfelträumer

Rumrich Stone Project G 7

Auf München-Besuch kann es schnell mal passieren, dass spontan ein Wander- oder Kletter-Ausflug ansteht. Wer Outdoorklamotten oder Kletterlatschen braucht, auch an Funktionskleidung gewisse optische Ansprüche hat und nicht zu viel Kohle rauswerfen will, der sollte statt den großen Sporthäusern lieber den sympathischen Rumrich aufsuchen. Kleiner Laden, wettergegerbte junge Kraxler als Berater, sehr kulanter Service.

Innere Wiener Straße 30, Haidhausen, S: Rosenheimer Platz, Mo–Fr 13–20, Sa 10–16 Uhr

Unterirdisch gute Idee

Kurzzug A 5

München-Kenner werden beim ersten Anblick einer Tasche von Kurzzug stutzen. Da war doch was! Dieser Kunstlederglanz, dieses Petrolblau… Vielleicht haben sie es dann plötzlich vor Augen: Das Bild des U-Bahn-Polsters aus Kunststoff, in dem der gerade aufgestandene Passagier noch einen Hintern-Abdruck hinterlässt, der sich langsam entdellt. Natürlich wird das ausgediente U-Bahn-Leder von den Produzenten des jungen Münchner Labels gründlich gereinigt, bevor es zu ausgesprochen hochwertig aussehenden Taschen in allen möglichen Formaten verarbeitet wird. Das schöne an dem Upcycling-Produkt sind aber vorallem die Geschichten, die an ihm haften.

www.kurzzug.de, Kostenpunkt 200–300 €

Oktoberfestlich

Julia Trentini D 8

Das Thema Tracht ist gerade für Frauen immer etwas brenzlig. Männer können zwar auch viel falsch machen, wenn sie sich in die Lederhosen schmeißen – aber mit dem Dirndl ist es noch vertrackter. Verpönt sind die Sexy-Buben-Lederhose, das Plastikmini-Dirndl und die kitschige Landhaus-Rüschen-Leinen-Variante. Okay dagegen: das süße Secondhand-Waschdirndl aus Österreich oder das lange traditionelle von der Oma. Mit einem Entwurf von Trentini lässt sich das Problem elegant lösen: Ihre Dirndl sehen edel aus, aber nicht zu tantig, halten sich an sittlich-kulturell verträgliche Mindeststoffmengen – und die einfacheren Modelle kosten kein Vermögen.

Westermühlstraße 32, Gärtnerplatzviertel, www.juliatrentini.de, U: Fraunhoferstraße, Mo–Fr 10–19, Sa 11–16 Uhr

Schwarmverhalten

Zwei Fakten gleichmal vorneweg: Die wilden Zeiten, in denen Schwabing eine Partyhochburg mit den angesagtesten Clubs Deutschlands war, sind lange passé. Aber: Auch die folgende eher lahme Periode, in denen München hauptsächlich Mainstream oder Extrem-Subkultur im Angebot hatte, ist vorbei. Seit einigen Jahren fühlen sich nämlich selbst Kosmopoliten wieder wohl in der Ausgehszene – obwohl sie es manchmal nicht zugeben.

Kneipen und Bars gibt's sowieso seit jeher in einer Vielfalt, in der jeder Musikgeschmack, Geldbeutel und Altersschnitt gut aufgehoben ist. Aber auch was tanzbare Läden angeht, ist München heute bunter als noch vor zehn Jahren. Immer noch gibt es zwar viel gehobenen Mainstream wie P1, Pacha, 089, Heart, Drella und Konsorten. Hier brezelt man sich eher auf, als sich lässig zu geben, und lässt viel Geld an der Bar. Und auch die Alternativ-Klassiker wie Backstage oder Feierwerk sind immer noch Institutionen.

Dafür sprießen in Altstadt und Glockenbach Kneipen und Elektro-Klubs aus dem teuren Pflaster, die an guten Tagen auch in Berlin oder London mithalten könnten. Oftmals sind das nur kurzlebige, dafür umso spannendere Projekte. Klubs wie das Harry Klein oder die Rote Sonne aber zum Beispiel spielen schon lange vorne mit. Auch eher neu: Man ist sich nicht mehr zu fein, mal eine kleine Reise nach Giesing oder ins Westend anzugehen.

Selbst Charles Schumann empfiehlt das Café Kosmos – wegen seiner großen Gin-Auswahl.

MAUERBLÜMCHEN

In einer Stadt, in der Wohnraum so heiß begehrt und wertvoll ist wie in München, muss die Unterhaltungsbranche schon fantasievoll sein, um sich ihre Nischen zu erobern. Kein Wunder, dass die Kneipen-Kultur-Klub-Landschaft sehr wechselhaft ist. Oft sind Lieblingsläden bereits wieder verschwunden, kaum hat man sie in einem Insider-Blog entdeckt. Zwischennutzungen, doch noch verlängerte Mietverträge, Pop-Up-Clubs, ungewöhnliche Locations – immerhin ein Garant dafür, dass es nicht so schnell langweilig wird in der Szene.

BARS UND KNEIPEN

Immer gut

Favorit Bar Karte 2, C 6

Die Favorit Bar sieht immer noch genauso lässig ungemacht aus wie vor zehn Jahren. Wer sie nicht kennt, wird sich nachts kaum in diesen ruhigen Teil der Altstadt verirren oder überhaupt auf das Schaufenster achten. Dahinter lümmeln im schummrigen Licht entspannte Menschen auf einer mit orangenem Linoleum überzogenen Stufenlandschaft. Das ist gemütlicher, als es klingt, genau wie die roten Glühbirnen mit dem Papier drumrum, oder die funktionslosen Ventilatoren an der Wand, oder das winzige DJ-Pult, an dem man sich auf dem Weg zum Klo vorbeidrückt. Die Musik ist gerade laut genug. Ins Favorit geht man zum Ratschen (Quatschen), nicht zum Tanzen.

Damenstiftstraße 12, Altstadt, U: Sendlinger Tor, tgl ab 22 Uhr

Sportlich

Vereinsheim F 1

Jede Stadt sollte eine solche Kneipe haben. Das Lieblingslokal der Sportsfreunde Stiller – auch Fußballer Mehmet Scholl wird oft gesichtet, erinnert tatsächlich an ein Vereinsheim. Die Stimmung: schwitzig gut. Mit Kicker, Couch und Currywurst. Aber auch Konzerte, Kleinkunst und Lesungen gibt's regelmäßig.

Occamstraße 8, Schwabing, www.vereinsheim.net, U: Münchner Freiheit, tgl. ab 18 Uhr

Gewollt abgerockt

Valentin Stüberl B 9

Winzig, hip, mit wechselnden DJs und einem treuen Klientel. Mit Glück schnappt man sich eine der wenigen Sitzmöglichkeiten, sonst ist lässig in den Knien Wippen angesagt. Nach 23 Uhr kommt man nur mit eigenem Schlüssel rein, den man vorher an der Bar erworben haben sollte.

Dreimühlenstr. 28, Isarvorstadt, www.valentinstueberl.com, Bus 132 Röcklplatz, Mo–Do 18–1, Fr–Sa 18–2 Uhr

Gern randvoll

Zum Wolf C 7

Steinkrüge wie Barschlauch sind vor allem zum Wochenende hin platzmäßig maximal ausgenutzt. Das bluesige Kuriositätenkabinett »Zum Wolf« hat es irgendwie hingekriegt, die Hipster mit den Urgesteinen und all den anderen auf den kleinsten Nenner beziehungsweise Raum zu packen. Fühlt sich an wie das gemütliche Wohnzimmer vom sympathisch schrulligen Nachbarn.

Pestalozzistrasse 22, Gärtnerplatzviertel, www.zumwolf.com, U: Sendlinger Tor, Mo–Do und So 18–1, Fr–Sa 18–2 Uhr

Sternschnuppe

Café Kosmos B 5

Zwei Alleinstellungsmerkmale machen das Kosmos zum Dauerhit. Erstens die Lage: Neben einem Waffengeschäft, und nur wenige Schritte von einer Spielhalle entfernt. Bahnhofsviertel eben. Zweitens die Getränkepolitik: Welche andere Kneipe würde es wagen, dem Münchner Publikum nicht nur das Helle in 0,25 Liter Gläsern auszuschenken, sondern noch dazu Astra anzubieten? Dazu lässt es sich nirgends besser flirten als im Kosmos, jeder Gang zur Bar, zur Toilette oder zum Luft schnappen, ähnelt in dem zweistöckigen Schneckenhaus einem Serien-Engtanz.

Dachauerstrasse 7, Hauptbahnhof, www.cafe-kosmos.de, U/S: Hauptbahnhof, Mo–Fr 12–1, Sa–So 14–3 Uhr (gerne auch mal länger)

Setzkastenprinzip

Holy Home Karte 2, D 7

Dass das Holy Home was kann, erzählt schon die Ausdauer, mit der es sich seit 1996 im schnelllebigen Glockenbachviertel hält. Die Lage direkt neben dem Gärtnerplatz-Theater ist natürlich perfekt. Dass sich hinter der Bar eine Art Riesensetzkasten für Flaschen und Plastik-Nippes befindet, merken Gäste oft erst nach der dritten Runde. So voll ist es meistens.

Reichenbachstr. 21, Gärtnerplatzviertel, U: Fraunhoferstraße, So–Mi 18–1, Do–Sa 18–3 Uhr

Der Großteil der Einrichtung im Milla besteht aus Flohmarkt-Möbeln.

Frecher Portugiese
Maroto D 8

Maroto bedeutet Lümmel oder Lausbub auf portugiesisch. Hier gibt es nicht nur Tapas, Vinhos und Superbock, sondern eben auch den Humor der Betreiber dazu. Sei es beim Bier-Bestellen oder beim Toilettenbesuch. Die Frauen lernen bei letzterem an Hand von Zeichnungen Begriffe wie ›caracol‹ – Schnecke. Bei den Herren sind die Bilder eindeutiger. Das Maroto ist einer dieser Geheimtipps, die eigentlich jeder kennt, die sich aber trotzdem nicht abnutzen.

Westermühlstr. 31, Gärtnerplatzviertel, www.bar-maroto.de, U: Fraunhoferstraße, Di–Sa ab 19 Uhr

Integrationsprojekt
Kiss B 6

Immer sollen sich die anderen integrieren! Die Betreiber des Kiss finden, man kann es auch umgekehrt angehen: Die Bar lockt die alternativ-schicke Szene mit orientalischen Gerichten, aber auch Arak und Raki aus dem Glockenbach heraus. Ins Bahnhofsviertel zwischen die Dönerläden, arabischen Geschäfte und Shisha-Kneipen. Toleranz ist von allen Beteiligten gefragt, im Hinterhof sitzt immerhin eine Moschee.

Landwehrstraße 44, Bahnhofsviertel, 089 59 98 97 95, U/S: Hauptbahnhof, Di–Sa von 12–15 und 18–2 Uhr

LIVEMUSIK

Schräglage
Milla C 8

Dass es hier keinen glatten Mainstream gibt, lässt schon die Architektur ahnen. Irgendwie herrscht Schräglage im Kellerschlauch. Über der Tanzfläche ist der Raum noch am höchsten, dann geht es steil zur Bar hinauf, wo sich die Decke schon fast berühren lässt. Musikalisch geht es hier weniger elektronisch zu, da die Besitzer keine großen Fans von House und Techno sind. Stattdessen wird Wert auf echte Instrumente gelegt. Kein Wunder, Peter Brugger, der Sänger der Sportfreunde Stiller gehört zur Inhaber-Truppe.

Holzstraße 28, Gärtnerplatzviertel, milla-club.de, U: Fraunhoferstraße, je nach Programm

Selten authentisch
Jazzbar Vogler Karte 2, E 7

Seit 1997 organisiert Thomas Vogler in seiner Bar fast täglich Konzerte – von Jazz über Latin bis hin zu Soul. Mit zehn Mann auf der Bühne oder als Soloprogramm. Gemacht von Profis oder Hobbymusikern.

Rumfordstraße 17, Gärtnerplatzviertel, www.jazzbar-vogler.com, U: Fraunhoferstraße, je nach Programm

Die Alternative

Substanz ✪ A 8/9

Wer Abstand zu den Edelschuppen und Hipster-Sammelbecken der Innenstadt sucht, findet im bodenständigen Substanz Punk bis Indie, Live-Acts, Poetry-Slam und Fußballpartys. Seit der Eröffnung 1990 hängt dem Substanz ein wilder Ruf nach: »Illegale Punkkneipe gegenüber des Kreisverwaltungsreferats«, empörten sich die Zeitungen entzückt. Heute geht es ruhiger zu, vor allem auf der Straße straft einen der Türsteher mit strengen Blicken, wenn zu laut gelacht wird.

Ruppertstraße 28, Sendling, www.substanz-club.de, U: Poccistraße, je nach Programm

Kontaktbörse

Josefa ✪ A 6

Wenn im winzigen Gastraum die Tische zur Seite gerückt werden, dann heißt das, die Gäste können sich auf eine Münchner Indie-Perle freuen. Nahbarer geht's nicht.

Westendstr. 29, U: Schwanthalerhöhe, www.josefa.eu, Mo–Fr 9–23 Uhr

TANZEN

Lichtpunkt

Charlie ✪ D 9

Je nach Sichtweise ist das Charlie nicht nur unter der Woche ein vietnamesisches Styler-Restaurant und samstags ein Lieblings-Club der Münchner – es ist auch eine Bereicherung im bisher eher infrastrukturschwachen Giesing, oder eben ein Vorbote der Gentrifizierung. Während die Anwohner stöhnen, kann man hier manchmal ziemlich gut tanzen und sich dabei vom ausgeklügelten Lichtkonzept beeindrucken lassen.

Schyrenstraße 8, Untergiesing, www.bar.charl.ie, U: Kolumbusplatz, Sa ab 22 Uhr

God is a DJ

Harry Klein ✪ Karte 2, C 6

Das Harry Klein ist sowas wie die wahr gewordene Utopie von Club-Gängern. Die schalldichte Innenkonstruktion erlaubt es, mitten im Stadtzentrum ungestört die Lautstärke in die Höhe zu treiben. Das ganze ist so raffiniert gemacht, dass man sich unterhalten kann, ohne einander ins Ohr zu schreien – selbst wenn man direkt neben der Box steht. Unten wird getanzt, von einer Galerie können sich Kopfnicker das Ganze ungestört angucken oder sich ins schalldichte Séparée mit Bar zurückziehen. Das Harry Klein ist für seine Visuals bekannt – sechs Beamer bespielen zwei Leinwände, und für die ausgezeichnete Wahl der Techno- und House-DJs sowieso.

Sonnenstraße 8, Altstadt, harrykleinclub.de, U: Sendlinger Tor, Do ab 20, Fr–Sa ab 23 Uhr

Hip Hop

Crux ✪ Karte 2, E 6

Mitten in der Altstadt befindet sich das Crux. Vom Programm her werden verschiedene Geschmäcker bedient: der Schwerpunkt liegt jedoch ganz klar beim Hip Hop. Jeden Mittwoch heißt es aber »Mixwoch« und man begibt sich gemeinsam auf eine Reise durch die Musikgeschichte, denn es wird alles bunt durcheinander gespielt – Hauptsache es passt zur ausgelassenen Stimmung.

Ledererstraße 3, Altstadt, www.crux.me, Marienplatz, je nach Programm

Outlaw

Rote Sonne ✪ Karte 2, D 5

Rund um den Maximiliansplatz lassen sich seit Jahren die Glitter-Glamour-Clubs nieder. Nicht abschrecken lassen, dazwischen sitzt eine der wichtigsten Instanzen elektronischer Musik in der Stadt: Die Rote Sonne. Jedes Wochenende geht sie aufs Neue auf und präsentiert sowohl namhafte Künstler als auch talentierte Locals.

Maximiliansplatz 5, Maxvorstadt, www.rote-sonne.com, S: Karlsplatz/Stachus, Fr–Sa ab 23 Uhr

Bester Sound
Bob Beaman ✪ D 4

Die perfekt durchdachte Raumakustik und eins der hochwertigsten Soundsysteme in München lassen keine Wünsche offen. Kein Wunder, dass sich hier namhafte DJs aus aller Welt die Klinke in die Hand geben.

Gabelsbergerstraße 4, Maxvorstadt, www.bobbeamanclub.com, U: Odeonsplatz, Fr–Sa ab 23 Uhr

Spannend
Ampere ✪ Karte 2, F 7

Das Ampere ist die kleinere Veranstaltungshalle des Muffatwerks: Im gemütlichen Ambiente aus alten Backsteinmauern und modernen Lichtinstallationen, unter dem hölzernem Dachstuhl mit den großvolumigen, silbrig glänzenden Lüftungsröhren finden Konzerte und Klubnächte statt. Praktisch: Auch wenns einmal nicht gefällt, liegen nebenan noch der Biergarten, das Muffatcafé, die große Konzerthalle – und die Isar.

Zellstraße 4, Haidhausen, www.muffatwerk.de/de/pages/ampere, S: Rosenheimer Platz, je nach Programm

Subversiv
Pathos ✪ B 3

Die ehemalige Munitionsfabrik ist schon seit den frühen Achtzigern Plattform für performative Kunst, Theater und ausgefallene Club-Veranstaltungen. Passend zum kulturpolitisch engagierten und gesellschaftskritischen Theaterprogramm, bewegen sich auch die Partys fernab vom Mainstream. Die Halle bietet Platz für Spielereien: Man sah schon Seilbahn-Gondeln von der Decke hängen, alte Bärenkäfige auf der Tanzfläche oder Schiffschaukeln. Still und heimlich hat sich das Pathos zum Untergrund-Club gemausert.

Dachauer Straße 112d, Neuhausen, www.pathosmuenchen.de, Tram 12/17: Leonrodplatz, je nach Programm

Reinkarnation
Registratur ✪ Karte 2, D 7

Und dann war sie plötzlich wieder da! Münchner Nachteulen trugen Trauer, als der wunderbar abgeranzte Hinterhof-Klub nach vielen legendären Nächten seine Tore schloss. Mit der Wiedergeburt wurde aus der ›Regi‹ allerdings eine Bar. Die Betreiber betonen jedoch, sie habe sich die Seele nicht nehmen lassen. Man könnte auch sagen, die Registratur ist mit ihren Fans erwachsen geworden: Jetzt beginnen die DJs schon um 21 Uhr mit anständiger Elektromusik. Und es gibt selbst ersonnene Cocktails wie den El Codito mit Gin, Himbeeren, Lime und Mango. Getanzt wird immer noch ein bisschen.

Müllerstraße 42, Gärtnerplatzviertel, www.dieregistratur.de, U: Fraunhoferstraße, Mi–So ab 21 Uhr

Spielwiese
Mixed Munich Arts ✪ C 5

In München steht ein Heizkraftwerk. Doch Heizkraftwerke… Naja, was genau mit dem Riesentrumm passieren wird, steht noch in den Sternen. Momentan residieren hier jedenfalls die Mixed Munich Arts. Neben einem Klub also alles, was Spaß macht: Restaurant, Konzerte, Kunst. Und das mitten in der Stadt. Soll in anderen

Ampere – intime Live-Bühne

Städten zum guten Ton gehören, in München ist es ziemlich außergewöhnlich.

Katharina-von-Bora-Str. 8A, Maxvorstadt, mixed municharts.de, U: Odeonsplatz, Fr–Sa ab 22 Uhr

HÖHEPUNKTE DES MÜNCHNER KULTURPROGRAMMS

Opern Air: Im Sommer werden auf dem Max-Joseph-Platz (✪ E 5–6) zwei **Opern live aus dem Nationaltheater** übertragen. Dann sitzen die Leute auf ihren Picknickstühlen oder auf dem Boden und lauschen dem Bayerischen Staatsorchester, das traditionell die Freiluftsaison eröffnet (www.staatsoper.de).

Passend zu seiner klassischen Aufmachung finden am Odeonsplatz (✪ E 5) Anfang Juni die beliebten **Open-Air-Konzerte** statt: Die Münchner Philharmoniker und das Symphonieorchester des Bayerischen Rundfunks präsentieren Meisterwerke (www.klassik-am-odeonsplatz.de).

Inoffizieller **Treffpunkt der Swing-Szene** ist im Sommer bei schönem Wetter der Diana-Tempel im Hofgarten (✪ E 5). Salsa (Mi und So abends), Tango (Fr abends) und Swing (So nachmittags). Spenden an den DJ sind willkommen, aber nicht notwendig (www.swing andthecity.com/muenchen/studios/hofgarten).

Bühne für Newcomer: Indie, Punk, Elektro in der klassischen Kulisse am Königsplatz (✪ C 4). Barrierefrei! Gebärdensprachdolmetscher übersetzen die Songs der Künstler. Für Rollstuhlfahrer gibt es ein Podest inmitten des Geschehens. Sehbehinderte Personen erhalten bei Bedarf Unterstützung von Blindenführern (www.oben-air.de).

Umsonst und draußen: **Pfingstfestival und Musiksommer** am Theatron (✪ Karte 4) im Olympiapark gehören zu den festen Institutionen der Münchner Freiluftsaison. Laue Sommerabende mit Bierchen und ausgewählten Indie-Bands aus dem Umland: www.theatron.de.

KINO

Gute Filme aus europäischer Produktion, oft OmU, kann man im **Studio Isabella** (✪ D 3) oder im **Atelier** (✪ Karte 2, C 6) sehen. Das Atelier zeigt außerdem die schwul-lesbische Filmreihe Mongay.

Studio Isabella: Neureutherstr. 29, Maxvorstadt, www.isabella.li, U: Josephsplatz

Atelier: Sonnenstr. 12, Innenstadt, www.city-kinos.de, S: Karlsplatz, Mongay: Mo 21.15 Uhr

Das **Filmmuseum** (✪ Karte 2, D 7) im Stadtmuseum präsentiert jeden Tag einen anderen Film aus dem eigenen Archiv: Werkschauen, thematische Reihen, Stummfilme mit Klavierbegleitung.

Filmmuseum: St.Jakobs-Platz 1, Altstadt, www.muenchner-stadtmuseum.de, U: Sendlinger Tor, Di–Do 20, Fr–So 18.30, 21 Uhr

Wer auf aktuelle Dokumentar- und Independentfilme steht, ist im **Monopol** (✪ C 1) richtig, für Kultfilme sind die **Museum Lichtspiele** (✪ F 7) zuständig.

Monopol: Schleißheimer Str. 127, www.monopol-kino.de, Tram 27: Herzogstraße

Museum Lichtspiele: Lilienstr. 2, Au, www.museum-lichtspiele.de, S: Isartor

Wer sich am liebsten weitab des Mainstreams bewegt, für den ist das legendäre **Werkstattkino** (✪ D 7) die richtige Adresse.

Werkstattkino: Fraunhoferstraße 9, im Hinterhof, Glockenbachviertel, www.werkstattkino.de, U: Fraunhoferstraße

Programmübersicht und Kartenvorverkauf: www.monatsprogramm-muenchen.de, München Ticket (T 089 54 81 81 81, Mo–Fr 9–20, Sa 9–16, So 10–16 Uhr, www.muenchenticket.de), Glashalle im Gasteig (Rosenheimer Str. 5, Mo–Fr 10–20, Sa 10–16 Uhr)

www.munichx.de

www.prinz.de/muenchen

www.in-muenchen.de

www.staatsoper.de

Hin & weg

ANKUNFT

...mit dem Flugzeug
Es gibt zwei S-Bahn-Linien vom Flughafen in die Stadt: S 1 (Schleißheim–Feldmoching–Laim–Hauptbahnhof, 45 Min.) und S 8 (Unterföhring–Ostbahnhof–Hauptbahnhof, 41 Min). Die S-Bahnen verkehren von ca. 4–24 Uhr, zwischen 5 und 22 Uhr im 20-Minuten-Takt. Der Lufthansa-Airport-Bus zum Hauptbahnhof (über Schwabing Nord) verkehrt zwischen ca. 5 und 20 Uhr alle 20 Min., Fahrtzeit 40 Min. Eine Taxifahrt vom Flughafen zum Marienplatz kostet ca. 65 €.

...mit der Bahn
Alle Fernzüge treffen am Hauptbahnhof ein. Regionalzüge von und zu bayerischen und österreichischen Zielen halten meistens auch in München-Ost bzw. München-Pasing. Alle Bahnhöfe liegen an der S-Bahn-Stammstrecke, werden also nahezu im Minutentakt bedient.

...mit dem Auto
Nach München führen Autobahnen aus allen Himmelsrichtungen: A 96/B 18 von Lindau über Memmingen, A 8 von Stuttgart, Ulm, Augsburg bzw. im Süden von Salzburg und Rosenheim, A 92 von Deggendorf, Landshut, Flughafen München, A 9 von Berlin, Leipzig, Nürnberg, Ingolstadt, A 94/B12 von Passau, Burghausen, Mühldorf, A 95 von Garmisch, Wolfratshausen. Alle außer der A 95 münden auf dem (nicht ganz geschlossenen) Autobahnring A 99/A 995. Vor allem A 8 und A 9 sind am Wochenende, zu Ferienbeginn bzw. -ende stark überlastet, rechnen Sie also genügend Zeit für Stau ein.

....mit dem Bus
Busverbindungen bestehen von fast allen deutschen und vielen europäischen Großstädten. Der moderne und zentrale Busbahnhof ZOB befindet sich in direkter Nähe zum S-Bahnhof Hackerbrücke und zum Hauptbahnhof. (www.zob-muenchen.de)

INFORMATIONEN

Marienplatz: im Neuen Rathaus, Mo–Fr 9–19, Sa 10–16, So 10–14 Uhr.
Hauptbahnhof: Bahnhofplatz 2 (mit München Ticket), Mo–Sa 9–20, So/Fei 10–18 Uhr.
Flughafen: Zentralbereich, Ebene 3, tgl. 0–24 Uhr; im Terminal 1, A–D, Ebene 4, tgl. 5–22 Uhr; im Terminal 2, Ebene 3 u. 4, tgl. 6–22.30 Uhr.
www.muenchen.de: Offizielle Website der Stadt München. Alle Informationen zu Unterkunft, Essen und Trinken, Kneipen, Sehenswürdigkeiten, Kultur, Unterhaltung, Sport, Stadtführungen inkl. einem Abriss über die Stadtgeschichte. Die KulturGeschichtsPfade der Landeshauptstadt München sind Rundgänge entlang historisch bedeutsamer Orte und Ereignisse in Münchner Stadtvierteln. Sie führen zu bedeutenden Bauwerken, geschichtsträchtigen Plätzen und Wohnungen oder Wirkungsstätten bemerkenswerter Persönlichkeiten des jeweiligen Bezirks. Vor Ort weisen Orientierungstafeln den jeweiligen Pfad und die betreffende Einzelstation aus. Sie können zu Fuß oder mit dem Fahrrad zurückgelegt werden. Jeder KulturGeschichtsPfad ist als Broschüre erhältlich und im Internet abrufbar. www.muenchen.de/rathaus/Stadtverwaltung/Kulturreferat/Stadtgeschichte/Kulturge schichtspfade.html

MÜNCHEN IM NETZ

www.mux.de: Shopping, Restaurant- und Ausgeh-Adressen nach Stadtvierteln, Straßen oder Branchen geordnet.
www.munichx.de: Website mit aktuellen Partytipps, Clubporträts, Tagesprogramm.
www.muenchenbuehnen.de: Für die Buchung von Eintrittskarten für Veranstaltungen aus Schauspiel, Oper, Ballett, klassischer Musik, Kabarett, Show, Performance, Kinder/Jugend, Festivals.

Gar nicht mal so ungewöhnlich: Eisbachschwimmer, die sich durch den Englischen Garten treiben lassen und dann mit der Tram wieder zurückfahren.

www.museen-in-muenchen.de: 60 Münchner Museen von A–Z, Infos zu aktuellen Ausstellungen, Programmen und Veranstaltungen.
www.shops-muenchen.de: Ausgewählte Shoppingbezirke werden Straße für Straße, Haus für Haus mit sämtlichen Geschäften dokumentiert.
www.tourismus-bayern.de: Infos zu Freizeit- und Besichtigungsmöglichkeiten im Umland.

REISEN MIT HANDICAP

Das Müncher Tourismusamt gibt die Broschüre »München für Touristen mit Handicap« heraus. Sie enthält Infos zu Zugangsmöglichkeiten von öffentlichen Einrichtungen, Museen, Theatern, Volksfesten usw., Empfehlungen für gut zugängliche Hotels und Restaurants, außerdem Standorte von Behindertentoiletten, rollstuhlgerechten Geldautomaten und medizinischen Einrichtungen. Darüber hinaus werden Stadtführungen in Gebärdensprache in verschiedenen Sprachen angeboten.

SICHERHEIT UND NOTFÄLLE

In München fühlt man sich sogar im Bahnhofsviertel nachts recht wohl, einzig zum Oktoberfest geraten die Menschen hier manchmal aus dem Ruder und werden auch mal aufdringlich. Betrunkene Horden lieber meiden und im Gedränge die Taschen festhalten.
Notrufnummern: Polizei: 110, Feuerwehr, Notarzt: 112; Ärztlicher Bereitschaftsdienst: 089 116 117; Zahnärztlicher Notdienst: 089 723 30-93 oder -94; Bank-Karte sperren: 116 116.

UMWELTFREUNDLICH UNTERWEGS

Öffentlicher Nahverkehr
Das Münchner Verkehrsnetz ist dicht, die Verbindungen sind sehr gut, die Wartezeiten kurz. Der Münchner Tarifverbund MVG umfasst sowohl die städtisch betriebenen U-Bahnen, Straßenbahnen und Busse wie auch die zur Bahn-AG gehörende S-Bahn. Man kann also mit demselben Fahrschein beliebig zwischen den Verkehrsmitteln wechseln. Alle acht S-Bahn-Linien verkehren auf der ›Stammstrecke‹ zwischen Donnersberger Brücke und Ostbahnhof, das heißt, dass mindestens alle 5 Min. eine S-Bahn kommt.
Infostellen: Hauptbahnhof (Schalterhalle), Marienplatz (Zwischengeschoss der U- und S-Bahnen), Sendlinger Tor (Zwischengeschoss der U-Bahn), Ostbahnhof (DB-Reisezentrum). Fahrpläne, Tarifauskunft, Themen-Tickets usw. auch unter www.mvg.de.

Tarifzonen: Das Tarifsystem ist raffiniert ausgeklügelt und erschließt sich Besuchern leider nicht auf den ersten Blick: Das Tarifgebiet ist in vier Zonen eingeteilt. Je mehr Zonen Sie befahren, desto höher der Fahrpreis. Der Zonenplan hängt an jeder Haltestelle.
Einen Einzelfahrschein kaufen Sie für ein, zwei, drei oder vier Zonen. Mit einer Streifenkarte sind pro Zone zwei Streifen zu entwerten. Für kurze Strecken (bis zu 4 Haltestellen, davon aber nur 2 mit U- und S-Bahn) gilt der günstigere Kurzstreckentarif (1 Streifen der Streifenkarte).
Für Besucher lohnt sich fast immer eine Single- oder Partner-Tageskarte für einen bzw. drei Tage. Die Karte gilt für beliebig viele Fahrten bis 6 Uhr am folgenden Tag. Auf der Partnerkarte können bis zu fünf Erwachsene mitfahren. Auch bei den Tageskarten wird wieder nach der Größe des zu befahrenen Gebiets unterschieden, aber meist reicht eine Innenraumkarte für den Besuch der wichtigsten Sehenswürdigkeiten.
Achtung: Die Fahrt Flughafen–Innenstadt führt durch vier Zonen!
Nachtlinien: Für Nachtschwärmer gibt es einen Nachtservice, der die ganze Stadt bedient. Die Nachtlinien verkehren im Stundentakt, am Wochenende halbstündlich, und sind an den Haltestellen, die sie bedienen, vermerkt.

Mit dem Taxi
Taxistände gibt es an allen Bahnhöfen und an vielen anderen Stellen der Stadt. Grundgebühr 3,50 €, Kilometerpreis 1,80–1,50 € (je nach Länge der gefahrenen Strecke), Bestellgebühr 1,20 €.
Taxi-München: T 089 216 10 oder 089 194 10, IsarFunk: T 089 45 05 40

Mit dem Auto
Wenn es sich vermeiden lässt, lieber nicht! Es gibt kaum Parkplätze, auch die Parkhäuser in der Innenstadt sind oft besetzt. Die Stadt lebt von verteilten Strafzetteln. Am besten: Auto stehen lassen (Hotelgarage, P+R-Parkplätze etwas außerhalb) und mit den Öffentlichen Verkehrsmitteln fahren. München ist Umweltzone, darf also nur mit der grünen Umweltplakette befahren werden.

Fahrradverleih
Radius Tours Bikes B5, Arnulfstr. 3 (im Hauptbahnhof gegenüber von Gleis 32), T 089 54 34 87 77 30, www.radius-munich.com, April–Okt. tgl. 8.30–19, Mai–Aug. bis 20 Uhr, Nov.–März wetterabhängig, 7/8-Gang-Rad 3 €/Std., 14,50 €/Tag, E-Bike 35 €/Tag.
Call a bike: Die markanten rot-silbernen Fahrräder der Deutschen Bahn stehen an vielen Straßenecken im Stadtgebiet rund um die Uhr zur Verfügung. Anmeldung über www.callabike-interaktiv.de oder T 069 42 72

Dank 1200 Kilometer Radwege lässt sich ganz München auf dem Bike erkunden.

77-22, Kreditkartennummer angeben. Rot umrandete Telefonnummer auf dem Schloss-Deckel anrufen, Code empfangen und eingeben, Schloss öffnen, losfahren. 8 Cent/Min., ab 9 €/Tag

STADTRUNDFAHRTEN UND FÜHRUNGEN

Doppeldecker-Stadtrundfahrt: www.citysightseeing-muenchen.de. Ein- oder zweistündige Stadtrundfahrt zu den bekannten Sehenswürdigkeiten, tgl. 10–17 Uhr jeweils zur halben und zur vollen Stunde (im Winter stdl.) ab Hauptbahnhof (Bahnhofplatz vor dem Elisenhof), ab 12,90 €.
Münchener Stadt-Rundfahrten und Hop-On-Hop-off: www.stadtrundfahrten-muenchen.de. Die Innenstadt per Express Circle oder etwas weiträumiger per Grand Circle. Thementouren: Drittes Reich, Bavaria-Filmstadt, Fußballtour, München bei Nacht. Tgl. ab 9.30 Uhr (jeweils zur vollen Stunde, ab 13,50 €, Dauer 1–4,5 Std.). Beim Hop on-Hop off kann man einsteigen, aussteigen, wie es einem gefällt. Die Busse fahren im Abstand von 20 Min. und halten an zehn interessanten Punkten der Stadt. Tagespass online 13,50 €, sonst 18 €. Tickets und Infos an den Haltestellen am Bahnhofplatz vor dem Kaufhaus Karstadt (immer der Ort für Start und Rückkehr), im Tal (Marienplatz) bzw. online.
Spurwechsel: Ohlmüllerstr. 5, T 089 692 46 99, www.spurwechsel-muenchen.de. Geführte Touren per Rad zu verschiedenen Themen (NaTour, Polit-Tour, Bier-Tour inkl. Brauereiführung), April–Okt. Fr–Sa–So/Fei 11.15 Uhr ab Marienplatz/Fischbrunnen, möglichst reservieren, 20 € inkl. Leihrad.
Stattreisen: www.stattreisen-muenchen.de. Stadtspaziergänge durch Münchner Viertel zu Schwerpunkten wie Geschichte oder Architektur, Mythen und Legenden, Stadtbäche usw. Teilnahme ohne Anmeldung, Termine siehe Programm (Website oder Tourist-Info).
Weis(s)er Stadtvogel: Unterer Anger 14, T 089 203 24 53 60, www.stadtvogel.de, Anmeldung erforderlich. Führungen zu Fuß, mit Rad, Tram oder Bus zu verschiedenen Themen, z. B. Altstadtführung, Nachtwächtertour, Viktualienmarkt Probiertour, mit der Kammerzofe durch Schloss Nymphenburg.
City Tour Card
Tageskarte für die Nutzung aller MVG-Verkehrsmittel sowie Rabatte für über 70 touristische Attraktionen in München und Umgebung (z. B. Schloss Nymphenburg, Bavaria-Filmstadt). Man kann sie als Single- und Partnerkarte (bis zu 5 Erwachsene), für einen oder drei Tage, für den Innenraum oder das Gesamtnetz des MVG kaufen, Preis: 10,90 € (1 Tag, Single, Innenraum) bis 70,90 € (4 Tage, Gruppe, Gesamtnetz), www.mvg.de.

GUTE BLOGS

www.muenchen-geht-raus.de Täglicher Geheimtipp-Kalender jenseits von Bussi-Bussi und Schickimicki.
www.isarbierundsonne.com Hübsch gemachter Blog: Betreiberin Michelle fragt Münchner auf der Straße nach bezahlbaren Ausgeh-Tipps und stellt sie vor.
www.twoinarow.com Musik, Lifestyle, Kultur – alles, was Spaß macht, wissen die Blogger Moritz und Angelika. Wer ihrem Blog folgt, verpasst nichts mehr.
www.mucbook.de Was in München angesagt ist und welche Veranstaltungen anstehen, darüber halten hier 300 Münchner Autoren auf dem Laufenden.
www.muenchenblogger.de Behandelt ausführlich alle Aspekte des Lebens in der Bayerischen Landeshauptstadt, von Sport über Nachtleben zu Politik.
www.munichopenminded.com/blog Wird seit 2010 von einem unabhängigen Kollektiv von DJs und Musik-Freaks geführt und informiert entsprechend am Puls der Zeit.
www.verruecktnachmuenchen.blogspot.co.il Hippe Läden und neue Cafés, ausgewählt von vier Münchner Mädels.
www.artsinmunich.com Stylish aufgezogener englischsprachiger Blog über Kunst und Subkultur in München und im Umland.

O-Ton München

Pfiat di/Servus

Auf Wiedersehen

Grias di/Servus

Guten Tag

MERCI DIA!

Dankeschön

Gschbusi

der, die, das Geliebte

Ja, mi leggst am Oarsch! / Ja, do legst di nieda!

Ausdruck des Erstaunens

fei

Abtönungspartikel, Füllwort, Würzwort wie in ›fei scho‹ (übrigens schon)

SCHLEICH DI

Verschwinde!

Watschn/Fotzn/Schejn

Ohrfeige

Diridari

Kleingeld, Knete, Moos

Zamperl

eher kleiner Hund, klassisch: Dackel

ja mei

kurz gesprochen: wenig Interesse an einer Sache, gedehnt mit steigender Stimmhöhe: erfreutes Erstaunen, seufzend: höchste Anteilnahme.

Das Klima im Blick
Reisen bereichert und verbindet Menschen und Kulturen. Wer reist, erzeugt auch CO_2. Der Flugverkehr trägt mit bis zu 10 % zur globalen Erwärmung bei. Wer das Klima schützen will, sollte sich – wenn möglich – für eine schonendere Reiseform entscheiden oder die Projekte von atmosfair unterstützen. Flugpassagiere spenden einen kilometerabhängigen Beitrag für die von ihnen verursachten Emissionen und finanzieren damit Projekte in Entwicklungsländern, die dort den Ausstoß von Klimagasen verringern helfen (www.atmosfair.de). Auch die Mitarbeiter des DuMont Reiseverlags fliegen mit atmosfair!

Abbildungsnachweis

DuMont Bildarchiv, Ostfildern: S. 31, 78/79, 98 (Campo); 73 (Kluyver)
Fotolia, New York (USA): S. 84 (Bentin)
Glow Images, München: S. 58, 61 (imagebroker/Bail)
Huber-Images, Garmisch-Partenkirchen: Titelbild (Bäck); S. 46 (Huber); 30 (Schmid)
KULT GmbH, München: S. 4 o.
laif, Köln: S. 41 (API); 53, 65, 68, 112 (Denger); 32 (Kerber); 38 (Harding/Levy); 7, 12/13, 34 (Linkel); 39 (hemis.fr/Maisant); 120/1 (Polaris/Oliosi); 28, 36, 47 (Rigaud); 49, 50, 52, 96 (Rois&Stubenrauch); 120/4 (Sahm); 120/5 (SZ Photo/Scherl); 4 u., 14/15, 33 (Schwarz); 56 (Standl); 111 (Steets)
Look, München: S. 72 (age fotostock); 8/9, 59 (Firmhofer); 57 (Frei); 90 (Greune); 87 (Sauer); 51 (Travel Collection); 45 (Werner)
Mauritius Images, Mittenwald: S. 55, 71, 77, 100 (imagebroker/Bail); 75 (imagebroker/Beck); 120/7 (Alamy/Chapman); 22 (Alamy/Foto 28); 20 (Haefele); 16/17 (Harker); 40 (Alamy/Hinrichs); 80 (VIEW/Hufton+Crow); 60 (Kolley); 74 (Peters); 26 (PjrTravel); 69 (Siebig); 42 (imagebroker/Siepmann); 24, 120/2 (United Archives) picture alliance, Frankfurt a.M.: S. 108 (SZ Photo/Berr); 120/3 (dpa); 103 (dpa/Fishman); 64, 95, 104 (SZ Photo/Haas); 120/6 (dpa/Hase); 97 (dpa/Hoppe); 91 (dpa/Hurek); 86, 89 (SZ Photo/Peljak); 106, 120/8 (SZ Photo/Rumpf); 93, 99 (SZ Photo/Schellnegger); 120/9 (SZ Photo/Schunk)
Alessandra Schellnegger, München: S. 5
Zeichnungen: Umschlagklappe hinten, S. 2, 11, 33, 67, 76 (Konopik)

Kartografie

DuMont Reisekartografie, Fürstenfeldbruck
© DuMont Reiseverlag, Ostfildern

Umschlagfoto

Titelbild: Blick vom Alten Peter auf Marienplatz, Rathaus und Frauenkirche

Hinweis: Autorin und Verlag haben alle Informationen mit größtmöglicher Sorgfalt geprüft. Gleichwohl sind Fehler nicht vollständig auszuschließen. Alle Angaben erfolgen ohne Gewähr. Bitte schreiben Sie uns! Über Ihre Rückmeldung zum Buch und Verbesserungsvorschläge freuen sich Autorin und Verlag:
DuMont Reiseverlag, Postfach 3151, 73751 Ostfildern,
info@dumontreise.de, www.dumontreise.de

FSC
www.fsc.org
MIX
Papier aus verantwortungsvollen Quellen
FSC® C124385

1. Auflage 2017
© DuMont Reiseverlag, Ostfildern
Alle Rechte vorbehalten
Autorin: Agnes Fazekas
Redaktion/Lektorat: Michaela Peischl
Grafisches Konzept: Eggers+Diaper, Potsdam
Printed in China

Kennen Sie die?

9 von 1,45 Millionen Münchnern

Uschi Obermaier

Ehemaliges Fotomodell, wurde als Verfechterin der sexuellen Revolution zur Zeit der 68er-Bewegung bekannt, gilt als erstes deutsches Rockmusik-Groupie.

Monaco Franze

»A bissl was geht immer.« Unschuldiger Hundeblick, aber ein ausgebufftes Schlitzohr: mit der Figur als Kriminalkommissar wurde Schauspieler Helmut Fischer berühmt.

Sophie Scholl

Verbreitete mit ihrem Bruder Hans an der Uni Flugblätter für die Widerstandsgruppe Weiße Rose. Dafür wurde die mutige junge Frau von den Nazis hingerichtet.

Miroslav Nemec

ermittelt als Ivo Batic seit 1991 im Tatort als erster Quotenmigrant. Gerade in Bezug auf Ausländerhass kann es vorkommen, dass sein Temperament mit ihm durchgeht.

Karl Valentin

Komiker und Schriftsteller mit absurd-skurrilem Wortwitz. Traf mit seinen Aussprüchen immer genau in die Seele des einfachen Mannes: »Mögen hätt ich schon wollen, aber dürfen habe ich mich nicht getraut.«

Gerhard Polt

Niemand entlarvt den Menschen, insbesondere den Bayerischen, so schonungslos und immer genau dann, wenn er meint, besonders schlau zu sein, wie Münchens Lieblingssatiriker.

U-Bahn-Maus

Ein schönes Leben führt das Mäuschen zwischen den Gleisen im Untergrund nicht. Aber die Passanten freut es doch ungemein, wenn es über den Bahnsteig huscht.

Sandra Forster

Gastro-Phänomen: Als 18-Jährige hat sie sich mit einem Piercing-Studio selbstständig gemacht. Seitdem zieht sie pausenlos Lokale und Klubs oder Kombis aus beidem hoch.

Bananen-Didi

Stets braungebrannter stadtbekannter Sprücheklopfer und Besitzer vom Obststand an der Uni. Davor war er Wetterfrosch bei einem Münchner Privatsender.